Wer führt Protokoll?

Weitere Titel aus dem humboldt-Programm zum Thema Beruf

Wer führt Protokoll?

Effektive Protokollführung

von Gisa Briese-Neumann

Beruf

humboldt Taschenbuch 736

Die Autorin:
Dr. phil. Gisa Briese-Neumann war als Sekretärin tätig und unterrichtete dann bei der IHK in der Sekretärinnenfortbildung. Heute ist sie Volkshochschuldozentin – mit den Themenbereichen Wirtschaftsenglisch und Bürokommuniktion – und Fachautorin.

Umschlaggestaltung: Wolf Brannasky, München
Umschlagfoto: Fotostudio Bornemann, München

© 1994 by Humboldt Taschenbuchverlag Jacobi KG, München
Druck: Presse-Druck Augsburg
Printed in Germany

ISBN 3-581-66736-3

1 2 3 * 96 95 94

Inhalt

Wie entsteht ein Protokoll? 56

Vorwort

Protokolle werden überall verwendet, nicht nur in den Chefetagen, bei Sitzungen und Konferenzen, in der Politik und im Rechtswesen, sondern auch während der Schul-, Berufs- und Universitätsausbildung, bei der Verwaltung von örtlichen Vereinen, bei Elternabenden und bei Absprachen mit dem Vermieter, nicht zuletzt auch bei polizeilichen Vernehmungen und Unfällen im Straßenverkehr.

Die besondere Funktion von Protokollen besteht darin, wichtige Ereignisse schriftlich so festzuhalten, daß sich ein Leser später noch darüber genau informieren kann.

Alle Regeln, die Sie in diesem Ratgeber finden, beziehen sich auf die im Unternehmensbereich hauptsächlich verwendeten Protokollarten Verlaufsprotokoll, Kurzprotokoll, Beschluß- oder Ergebnisprotokoll. Das Protokoll im klassischen Sinne eines ausführlichen Verhandlungsprotokolls (Verlaufsprotokoll) wird vor allem nur noch in Spitzen der Wirtschaft, Verwaltung und Politik bei besonders wichtigen Sitzungen und Konferenzen angefertigt. Der Protokollführer (im folgenden des öfteren der Einfachheit halber PF genannt; andere Funktionsbezeichnungen: Protokollant, Schriftführer) muß – abhängig vom Umfeld und vom Gegenstand der zu protokollierenden Sitzung – über geistige Flexibilität und Stilsicherheit sowie eine sachgerechte Vorbildung beziehungsweise fachliche Qualifikation (z. B. Stenographie) verfügen. Ein Geschäftsbrief – etwa die Absage an einen Stellenbewerber – läßt sich aus Textbausteinen zusammenstellen, das Protokoll dagegen ist anspruchsvoller, da es inhaltlich auf einer jeweils neuen Kommunikationssituation beruht.

Dieser Ratgeber möchte Ihnen behilflich sein, sich in die Kunst des Protokollierens einzuarbeiten, so daß Sie jeder Protokollsituation gewachsen sind und alle wichtigen Abmachungen – sowohl im Beruf als auch im privaten Leben – schriftlich in der erforderlichen Form festhalten können.

Autorin und Verlag

Was ist ein Protokoll?

Das Protokoll ist ein übersichtlich gegliederter, je nach Zweck kürzerer oder längerer schriftlicher Bericht über eine bestimmte Kommunikationssituation.

Die Absicht des Protokollführers, den Leser über ein Geschehen zu informieren, wird unterstützt
— durch die dominierende Darstellung der für den Leser wichtigen Tatbestände; Nebenaspekte der berichteten Sachverhalte treten dabei in den Hintergrund oder fallen weg,
— durch die Ordnung des Geschehens: in zeitlicher oder thematischer Reihenfolge,
— durch die Formulierung im Sachstil, das heißt in sachbezogener, informierender Sprache (überprüfbare Angaben, Fachsprache usw.).

Anforderungen an ein Protokoll

Ein Protokoll wird angefertigt, um alle wichtigen Einzelheiten eines Vorgangs oder Vorfalls wiederzugeben. Deshalb muß es bestimmte Kriterien erfüllen:
— Vollständigkeit,
— Unmißverständlichkeit,
— neutrale Gewichtung des Inhalts,
— Verständlichkeit,
— Übersichtlichkeit und gute Gliederung,
— angemessener Umfang (abhängig von der Protokollart).

Sie werden sich nun fragen, wie man Protokolle übersichtlich und griffig aufbaut, wie man Protokolle formuliert und wie man sie gestaltet.

Die Regeln der Protokollführung sind je nach Anlaß der Protokollführung in der Wirtschaft, in der Verwaltung, beim Gericht, im Bundestag, im Privatleben usw. unterschiedlich anzuwenden. Maßstäbe setzt die gesetzliche Verordnung zur Ausbildung »Geprüfte Sekretärin«, auf die im folgenden zurückgegriffen wird. So kann es sein, daß das in diesem Ratgeber vorgestellte Grundschema eines Protokolls gekürzt, ergänzt oder daß die Gliederung je nach Bedarf verändert werden muß. Die Grundanforderungen an ein Protokoll sind hingegen für alle Protokollarten und Anlässe sehr ähnlich und unterscheiden sich nur im Umfang, in der Akzentuierung der Tatbestände sowie in den Anforderungen an den Protokollführer. Ziel sollte immer ein rationelles Protokoll sein, das heißt, es muß

- der Situation angemessen sein,
- die Fakten gut verständlich darstellen,
- zeitgemäß und richtig formuliert, übersichtlich gegliedert und professionell getippt sein.

Funktion eines Protokolls

In der Praxis kann es als Mittel der Information sowie Kontrolle oder zur Erteilung von Aufträgen eingesetzt werden, ferner als Arbeitsunterlage, Führungsinstrument, Beweismittel, Urkunde, Dokument u. ä. Einzelne Funktionen können sich überlappen. An der Funktion orientiert sich die Protokollart beziehungsweise die Ausführlichkeit eines Protokolls. Im Protokoll wird festgehalten, was von den einzelnen Teilnehmern während der Sitzung getan, gesagt und/oder beschlossen wurde. Damit dient es in erster Linie der schriftlichen Speicherung besprochener und beschlossener Tatbestände. Ferner werden die Teilnehmer einer Sitzung mit einem Protokoll auf gemeinsam erzielte Ergebnisse verpflichtet – in der Regel erkennen alle Teilnehmer das Protokoll als objektiven Bericht an.

Das Protokoll als Informationsmittel

Das Protokoll sichert Informationen und dient der Unterrichtung aller Nichtteilnehmer, die von den während einer Sitzung getroffenen Vereinbarungen berührt werden. Anhand eines Protokolls können sie den Verhandlungsverlauf und die Ergebnisse nachvollziehen.

Das Protokoll als Arbeitsunterlage

Als Arbeitsunterlage bildet ein Protokoll die Grundlage für die Bearbeitung einer Angelegenheit. Einzelheiten über die weitere Vorgehensweise können bereits im Protokoll festgehalten worden sein. Vielfach entstehen Verträge und Geschäftsberichte auf der Basis entsprechender Protokolle. Oft gehen auch wichtige Entscheidungen auf Protokollnotizen zurück. Der Bearbeiter eines Vorganges kann bei ungenauer Erinnerung den Sitzungsverlauf, Ergebnisse, Beschlüsse o. ä. nachlesen. Insofern entlastet das Protokoll das Gedächtnis und schafft Klarheit.

Das Protokoll als Führungsinstrument

Mit Hilfe des Protokolls kann eine vorgesetzte Stelle prüfen, ob während der Sitzung vorgegebene Themen angemessen behandelt, ob Beschlüsse gefaßt und – nach einem gewissen Zeitraum – ausgeführt wurden. Insofern ist das Protokoll ein Mittel der Arbeitskontrolle. Wenn ein Vorgesetzter seine Mitarbeiter andererseits zu einer Sitzung einlädt, will er beispielsweise über ein Problem diskutieren lassen, Argumente sammeln, Ideen austauschen, Vorschläge erhalten und andere Ansichten anhören, bevor er wichtige Entscheidungen trifft. Dieses Vorgehen ist ein Instrumentarium qualifizierter Führung. Anhand des Protokolls kann der Vorgesetzte die Ansichten seines Mitarbeiterstabs prüfen und in seine Entscheidungen einbeziehen. Ferner dient ein Protokoll zur Terminüberwachung, denn darin ist genau festgehalten, wer was bis wann zu tun hat.

Das Protokoll als Beweismittel, Urkunde oder Dokument

Betriebsintern sind Protokolle ein wichtiges Beweismittel
- für die Rechtsgültigkeit von Beschlüssen, Wahlen, Statutenänderungen u. ä.,
- für die Erteilung von Aufträgen und Kompetenzen, Abmachungen, Bewilligungen u. ä.,
- für die Festlegung oder Entlastung von Verantwortlichkeiten.

Weil ein Protokoll als Beweismittel dienen kann, sind die Sitzungsteilnehmer gezwungen, sich klar auszudrücken und bei einer Abstimmung eindeutig Stellung zu beziehen. Rechtssubstanz gewinnt das Protokoll vor allem auch im Vereinsrecht sowie als Ergebnisbericht gesetzlich vorgeschriebener Gesellschafter- und Hauptversammlungen. Bei Hauptversammlungen von Aktiengesellschaften werden Protokolle gerichtlich und notariell aufgenommen. Protokolle sind ferner wichtige Dokumente bei Anfechtungs- oder Verantwortlichkeitsprozessen, in denen der Nachweis für pflichtbewußte oder nachlässige Geschäftsführung zu erbringen ist. Protokolle können als urkundliche Grundlage auch bei Rechtsgeschäften herangezogen werden, zum Beispiel bei Firmengründungen, bei Eintragungen ins Handelsregister, bei Umwandlungen oder bei der Auflösung von Gesellschaften oder Stiftungen, bei Beförderungen von Mitarbeitern, bei Veränderungen im Vorstand eingetragener Vereine u. ä. Ein Protokoll wird erst zur Urkunde, wenn es die Unterschriften des Protokollführers und des Vorsitzenden trägt und von allen Sitzungsteilnehmern genehmigt worden ist.

Protokolle gewähren ferner entscheidende Einblicke in die *innere Struktur einer Unternehmung.* Sie können deshalb für das Finanzamt wichtig sein. Grundsätzlich unterliegen sie einer gewissen Geheimhaltung und sind nur den unmittelbar Beteiligten zugänglich zu machen. Der Betriebsprüfer des Finanzamtes kann jedoch Einsicht in die Protokolle nehmen, die ihm bei einer Betriebsprüfung wichtig erscheinen, zum Beispiel für die Berechnung von Abgaben, und zwar dann, wenn der Verdacht steuerlicher Unregelmäßigkeiten vorliegt.

Oft wird nur deshalb protokolliert, um bei später auftauchendem Interesse nachschauen zu können, *was in einer Sitzung geäußert wurde oder vorgefallen ist.* In vielen Betrieben werden die Sitzungsprotokolle chronologisch gesammelt und jahrgangsweise gebunden oder in einem Ordner abgelegt. Anhand einer derartigen Dokumentation läßt sich jederzeit feststellen, was, wann, wo und auf Antrag von wem wie beschlossen wurde. Eine vollständig und geordnet aufgebaute Dokumentation hat im Sinne einer Chronik auch betriebswirtschaftlich einen hohen Stellenwert.

Das Protokoll ist mitunter auch *verhandlungstaktisch relevant.* Je nach Art der Zusammenfassung, des Stils, des Inhalts kann ein Protokoll Äußerungen und Tatbestände unterschiedlich gewichten. Beispielsweise kann man nach einem hitzigen Gespräch entweder die Wogen glätten oder Öl ins Feuer gießen.

Mit jedem Beschluß und seiner protokollarischen Fixierung wird veranlaßt, daß eine Person oder eine Gruppe von Personen etwas *zu tun* oder *zu unterlassen* hat. Ob die Gruppenleiterbesprechung die Erledigung einer Beschwerde, die Inhaber eines Handwerksbetriebs die Einstellung eines neuen Mitarbeiters, der Vorstand einer AG die Schließung einer Niederlassung, die Bankbehörde die Senkung des Diskontsatzes, die Regierung die Bekämpfung des Rechtsradikalismus oder die Vereinten Nationen Sanktionen gegen ein Land beschließen – jeder Fall zieht einen protokollierten Beschluß nach sich, der zur Folge hat, daß bestimmte Personen etwas Bestimmtes unternehmen müssen.

Wer führt das Protokoll?

Für die Abfassung eines Protokolls wird ein Protokollführer bestimmt. Er gehört entweder zum Teilnehmerkreis einer Veranstaltung (etwa bei Konferenzen oder Versammlungen), oder er wird als neutraler Beobachter eingesetzt (etwa bei Gerichtsverhandlungen oder Parlamentssitzungen). Die Protokollführung kann jedem übertragen werden, der an einer Sitzung teilnimmt.

Ihren beruflichen Qualifikationsmerkmalen entsprechend ist die stenographische Aufnahme und Ausarbeitung von Protokollen in der Regel Aufgabe der Sekretärin. Da heute viele Damen als »Sekretärin« angestellt sind, ohne die entsprechenden Qualifikationen auch nur annähernd aufzuweisen, sind sie häufig nicht in der Lage, ein Protokoll zu führen. Deshalb greift man zu den merkwürdigsten volkswirtschaftlich nicht rentablen Lösungen:

1. Hochdotierte Mitarbeiter übernehmen es »mitzuschreiben«. Sie machen Notizen in Langschrift. Wenn diese nicht ausreichen, steuern Kollegen Texte bei. Das Protokoll wird zusammengestückelt und dann diktiert. Nach erneuter Überarbeitung wird die Endfassung des Protokolls geschrieben. Häufig wird es von einem Vorgesetzten korrigiert, und eine neue Fassung muß vorgelegt werden. Nachteil:

Wenn hochqualifizierte Mitarbeiter in Ermangelung eines verläßlichen Protokollführers »mitschreiben« müssen, hält es sie davon ab, selbst aktiv bei einer Sitzung mitzuwirken.

2. Man hat eigens einen PF, der aber von der Thematik und vom Niveau der Teilnehmer her überfordert ist. Erfahrung hilft ihm durch die Engpässe, und die Sitzungsteilnehmer sorgen anschließend dafür, daß ihr Beitrag so im Protokoll erscheint, wie sie es wünschen. Bei externen Mitarbeitern ruft der verzagte Protokollführer mit der Frage an, »ob es so recht sei«. Sie sehen: Das Produkt ist letztlich kein professionelles Protokoll.

3. Der PF, der aus mangelnder Qualifikation mit der Protokollführung überfordert ist, schreibt mit, so gut er kann: Der Chef diktiert alle schwierigen und wichtigen Passagen ohnehin nach der Sitzung!

Protokollführung ist stets Stabsaufgabe

Zum »Stab« gehören Referenten, Assistenten, Sekretärinnen. In größeren Firmen, die im Zuge der straffen Strukturierung ihres Personals Wert auf effiziente Mitarbeiter legen, wird die Protokollführung an die Sekretärin oder einen anderen geeigneten Mitarbeiter delegiert. Dies ist insbesondere dann der Fall, wenn ein Ergebnisprotokoll verlangt wird. Jeder, der in einem Unternehmen (oder in der Verwaltung) eine wichtige und schwierige Tätigkeit übernimmt, muß eingearbeitet werden, er muß sich vorbereiten, sich zu den speziellen Kenntnissen und Fähigkeiten verhelfen oder teils verhelfen lassen, die die Ausübung eines Amtes möglich machen. Weil Mitarbeiter häufig nicht wissen, wie ein Protokoll angefertigt wird, ist es allerdings auch nötig, daß sich einige Vorgesetzte mit dem Thema »Protokollführung« befassen, um klare Vorgaben an künftige Mitarbeiter bereits bei der Einstellung geben zu können.

Man sollte also beim Protokollführen davon abkommen, von Notlösungen zu leben, Mitarbeiter einzusetzen, die entweder von ihren eigentlichen Aufgaben abgezogen werden oder bei allem Wohlwollen nicht geeignet sind. Ein gutes Protokoll zu schreiben, ist zwar schwer – neben einschlägiger Qualifikation, Sachverstand und Überblick über das jeweilige Thema sind oft jahrelange Erfahrungen nötig. Beschäftigt man sich jedoch mit der Protokollführung zielgerecht und konzentriert, wird man bald merken, daß sie fast spielend erledigt werden kann.

Anforderungen an den Protokollführer

Der PF hält in der Regel das Wichtigste der Veranstaltung stichwortartig fest und formuliert daraus später den endgültigen Text. An ihn werden je nach Art der Sitzung hohe fachliche und persönliche Anforderungen gestellt. Die Protokollführung verlangt Mitdenken und einen Blick für das Wesentliche. Der Protokollführer sollte ferner über Abstraktionsvermögen verfügen, da er verschiedene Gedanken oft zusammenfassen und thematisch gewichten muß. Zugleich muß er sich rasch einen Überblick über ein neues Sachgebiet verschaffen können.

Sachliche Anforderungen

▨ Kenntnis des Verhandlungsgegenstandes

Sie ist grundlegend für das Verstehen und die Wiedergabe des Diskussionsverlaufs. Der Protokollführer muß in der zu behandelnden Materie bewandert sein. Er soll über die Entwicklung der einzelnen Sachgebiete, die protokolliert werden müssen, auf dem laufenden sein. Er muß die Fachausdrücke beherrschen und sich durch Studium der Sitzungsunterlagen auf die Verhandlung vorbereiten.

▨ Kenntnis der Satzung sowie der Tages- und Geschäftsordnung

Die *Satzung* gibt Auskunft über die Zusammensetzung der Vollversammlung. Sie regelt den grundsätzlichen Sitzungsablauf. Ferner enthält sie die Rechte und Pflichten der Mitglieder.

Die *Tagesordnung* legt die Reihenfolge der zu behandelnden Punkte fest.

Die *Geschäftsordnung* regelt im einzelnen das Verfahren im Sitzungsverlauf und den Abstimmungsmodus, das heißt, in welcher Form die einzelnen Punkte zu behandeln sind (Beschlußfähigkeit des Gremiums, Redefolge, Redezeit der Referenten, Diskussionsredner und

Antragsteller, Regelungen, wie lange Anträge gestellt werden können, wann das Wort entzogen werden kann, wann namentlich abgestimmt werden kann und mit welcher Mehrheit Beschlüsse angenommen werden).

▓ Ferner ist die *Feststellung der Beschlußfähigkeit* eines Gremiums sowie die jeweilige *Abstimmungsart* und die *Behandlung von Anträgen* (Zusatzanträge, Abänderungsanträge, Gegenanträge sowie Anträge zur Geschäftsordnung) nicht nur Sache des Vorsitzenden, vielmehr ist hierbei auch die Aufmerksamkeit des Protokollführers gefordert.

Fachliche Anforderungen und Kenntnisse

Bei der Übersicht der fachlichen und persönlichen Anforderungen an den Protokollführer wurde die Verordnung zur »Geprüften Sekretärin« berücksichtigt, worin Protokollwissen in engem Zusammenhang mit einwandfreier Textformulierung gesehen wird. An fachlichen Voraussetzungen sind zu nennen:

▓ Schreibtechnik: Stenographie 160 bis 170 Silben (360 bis 400 Silben für ein Wortprotokoll); Schreibmaschine schreiben beziehungsweise Umgang mit einem Textsystem,
▓ Textformulierung (Inhalt, Ausdruck, Stil),
▓ Fähigkeit eines Berichterstatters, das Gehörte mit eigenen Worten wiederzugeben, insbesondere Gebrauch der indirekten Rede und ihrer Konkurrenzformen,
▓ Rechtschreibung, Zeichensetzung, Grammatik,
▓ Protokollarten und ihre sinngemäße Anwendung,
▓ Protokollrahmen (siehe Seite 75 ff.),
▓ Konzipieren von Protokollinhalten (Erfassen, Gliedern, Zusammenfassen),
▓ Textgestaltung nach DIN 5008,
▓ umfangreicher Wortschatz,
▓ Fachwortschatz des jeweiligen Arbeitsgebietes,
▓ Protokoll unterschriftsreif erstellen und auswerten,
▓ rationelle Arbeitstechnik,
▓ Vorbereitung und Abwicklung der Protokollführung, Wiedervorlage, Ablage.

Persönliche Anforderungen

Diese Grundvoraussetzungen sollten erfüllt sein:

- Fitneß (mental und körperlich – ausgeschlafen zur Protokollführung kommen!),
- Allgemeinbildung,
- Organisationsvermögen,
- Gedächtnis für Namen, Personen, Aussagen, Ereignisse, Vorgänge,
- Fähigkeit des Mitdenkens (mehr denken als schreiben, nicht alles mitschreiben),
- Fähigkeit des Zuhörens (nichts überhören),
- Konzentrationsvermögen (nichts vergessen, Aussagen gleichzeitig Sprechender erfassen),
- Einfühlungsvermögen zum richtigen Erfassen der Sache – Entscheidungsfähigkeit bezüglich Ausführlichkeit des Festzuhaltenden,
- Objektivität, Neutralität, Trennen von Sachlichem und Persönlichem (nichts aufbauschen, abschwächen, unterdrücken),
- Diskretion,
- Durchsetzungsvermögen bei Hinweisen auf Fehler und Unklarheiten,
- Verantwortungsbewußtsein, Sinn für Wahrheit,
- Zuverlässigkeit bei der Kontrolle von Beschlüssen und bei der Terminüberwachung,
- Belastbarkeit,
- Fähigkeit, auch bei Hektik die Übersicht zu behalten und Ruhe zu bewahren.

Die allgemeinen Voraussetzungen für die Protokollführung sollten ergänzt werden durch Personenkenntnis und Betriebserfahrung des Protokollführers – in schwierigen Fällen durch Instruktion seitens des Vorsitzenden.

Die Anforderungen an den Protokollführer sind abhängig von der Protokollart unterschiedlich zu gewichten. Insbesondere beim Kurzprotokoll braucht er neben strenger Objektivität, Überparteilichkeit und Unabhängigkeit auch solides Fachwissen, große Konzentrationsfähigkeit und die Fähigkeit, Wesentliches von Unwesentlichem zu unterscheiden. Andernfalls gelingt es nicht, diese knappe Form des Protokolls zu realisieren. Viele Protokollführer haben im übrigen Probleme mit der Stenographie, die nun mal zum Berufsprofil einer Sekretärin gehört. Die Geschwindigkeit kann durch regelmäßiges Üben über einen kurzen Zeitraum trainiert werden.

Die verschiedenen Protokollarten

In der alltäglichen Papierflut tauchen die verschiedensten Protokoll-bezeichnungen auf, zum Beispiel

- Beschlußprotokoll
- Ergebnisprotokoll
- Kurzprotokoll
- Verlaufsprotokoll
- Gedächtnisprotokoll
- Tatbestandsprotokoll
- Ablaufprotokoll
- Sitzungsprotokoll
- Stichwortprotokoll
- Forschungsprotokoll
- Unfallprotokoll
- Operationsprotokoll
- Reiseprotokoll
- Prüfungsprotokoll
- Untersuchungsprotokoll
- Vernehmungsprotokoll
- Abnahmeprotokoll
- Unterrichtsprotokoll

Die unterschiedlichen Bezeichnungen richten sich nach der Aus-führlichkeit oder nach dem Anlaß des jeweiligen Protokolls. In Vor-schriften beziehungsweise Gesetzen und auch in der Verwaltung wird häufig die Bezeichnung »Niederschrift« verwendet. Im letztge-nannten Falle handelt es sich meistens um eine schriftliche, konven-tionell geregelte Aufzeichnung (z. B. auf einem vorgegebenen For-mular).

Im »Duden« findet sich unter »Protokoll« folgende Definition: »förmliche Niederschrift, Tagungsbericht; Beurkundung einer Aus-sage, Verhandlung u. a.« Sinngemäß sind Aktennotizen (Aktenver-merke) sowie Telefon- und Gesprächsnotizen ebenfalls Protokolle (siehe Seite 124 ff.).

Bevor protokolliert wird, muß die Protokollart feststehen. Sofern der Protokollführer keine Anweisungen erhält, muß er aufgrund des Interessentenkreises und der Tagesordnungspunkte beziehungsweise der Wichtigkeit der zu erwartenden Ergebnisse entscheiden, welcher Grad der Ausführlichkeit – und damit welche Protokollart – angemessen ist. Entsprechend kann er die Aufnahme vorbereiten, den Text aufnehmen und das Protokoll formulieren.

In der Wirtschaft und Verwaltung haben sich im Laufe der Zeit vier Protokollarten herausgebildet, die auch in der Rechtsverordnung zur »Geprüften Sekretärin« beschrieben werden. Nicht eindeutig klassifizierbare Mischformen gibt es vor allem im privaten Bereich.

Die vier häufigsten Protokollarten sind
– das wörtliche Protokoll (Wortprotokoll),
– das ausführliche Protokoll (Verlaufsprotokoll),
– das Kurzprotokoll (zusammenfassendes Protokoll),
– das Ergebnis- oder Beschlußprotokoll.

Die genannten Protokollarten unterscheiden sich jeweils im Grad der Ausführlichkeit. In diesem Ratgeber werden vor allem das Verlaufs-, das Kurz- und das Ergebnisprotokoll behandelt, wobei der Akzent auf der Anfertigung von Verlaufsprotokollen liegt. Beherrscht ein Protokollführer diese Protokollart, kann er jedes andere Protokoll ohne Mühe schreiben.

Die Entscheidung für eine bestimmte Protokollart hängt im wesentlichen davon ab, ob der Verhandlungsablauf ausführlich oder so knapp wie möglich protokolliert werden muß und ob die Redner namentlich erwähnt werden sollen oder nicht. Der Protokollführer muß deshalb den Informationsbedarf kennen, den das jeweilige Protokoll abzudecken hat.

Allen Protokollarten gemeinsam ist der Rahmen (siehe Seite 75 ff.): Kopf und Schluß. Der *Protokollkopf* nennt die Tagesordnung, die Teilnehmer sowie den Ort, das Datum und die Dauer der Veranstaltung; der *Protokollschluß* weist links die Unterschrift des Protokollführers und rechts die des Vorsitzenden auf.

Das wörtliche Protokoll (Wortprotokoll)

Festgehalten werden in dieser Protokollart nicht nur die Ausführungen der Redner, sondern auch alle anderen Vorgänge während der Sitzung, zum Beispiel Zwischenrufe, Beifall, Zurufe oder Mißfallensäußerungen. Deshalb ist ein wörtliches Protokoll in der Regel umfangreich und kommt für geschäftliche Zwecke nicht in Frage. In Versammlungen mit parlamentarischem Charakter, zum Beispiel im Bundestag oder in den Landtagen, sowie in Vortragsveranstaltungen und Gerichtsverhandlungen kann es auf jedes Wort ankommen, auf jede Nuance. Für die Berichterstattung über entsprechende Verhandlungen sind deshalb Wortprotokolle vorgeschrieben. Sie werden von einem Verhandlungsstenographen erstellt, der mit hoher Geschwindigkeit stenographieren können muß.

In manchen Fällen wird der Verhandlungsverlauf auch mit dem Tonband aufgezeichnet. Bei der Übertragung werden dann lediglich sprachliche Fehler des jeweiligen Redners korrigiert.

Vor- und Nachteile
⊕ Sehr hohe Beweiskraft
⊖ Unübersichtlichkeit, insbesondere wenn das Tonband als Protokoll archiviert wird
⊖ Großer Zeitaufwand für die Reinschrift

Anwendungbereiche
▪ Parlamentssitzungen
▪ Wissenschaftliche Konferenzen
▪ Studientagungen
▪ Parteitage
▪ Jahreskonferenzen von Interessenverbänden
▪ Personalverhandlungen
▪ Konferenzen (Beratende Versammlungen Gleichgestellter)
▪ Interviews (zur Veröffentlichung bestimmter Befragungen von Fachcharakter)
▪ Sehr wichtige Sitzungen in allen Bereichen

Wichtig: Jedes Wort wird protokolliert. Ein Wortprotokoll empfiehlt sich bei Verhandlungen mit weitreichender Bedeutung.

Das ausführliche Protokoll (Verlaufsprotokoll)

Diese Protokollart wird gewählt, wenn der Verlauf der betreffenden Veranstaltung skizziert werden soll und für die Benutzer von Interesse sein könnte, mit welchen Argumenten die Ergebnisse zustande gekommen sind.

Das ausführliche Protokoll nennt
- die Abfolge der Tagesordnungspunkte,
- den Inhalt der einzelnen Redebeiträge,
- die Thesen, die in der Diskussion vertreten werden,
- die wesentlichen Argumente zu den Thesen,
- die Zwischenergebnisse und Ergebnisse.

Das Hin und Her der Diskussion wird nicht im einzelnen festgehalten. Ergebnisse werden am Ende eines jeden Tagesordnungspunktes deutlich gekennzeichnet. Die Anfertigung setzt ausführliche stenographische Aufzeichnungen voraus.

In der Regel werden die Redner namentlich genannt, die Namen können jedoch auch entfallen.

Die Redebeiträge in einem ausführlichen Protokoll ohne Namensnennung lassen sich beispielsweise so wiedergeben:

Ein Abgeordneter der Partei XYZ nimmt zur sozialen Lage der alleinerziehenden Mütter Stellung und...

Ein Vertreter der Gewerkschaft schlägt vor, den Empfehlungen...

Ein Mitarbeiter der Geschäftsleitung unterstützt alle Maßnahmen, mit denen...

Vor- und Nachteile

⊕ Ausführliche Information in konzentrierter Form

⊕ Auffassungen einzelner Teilnehmer (oder Gruppen) werden erkennbar (personenbezogener Bericht)

⊖ Hoher Anspruch an den Protokollführer, weil er selbst Akzente setzen muß

⊖ Gründliche Sachkenntnis, Konzentrationsvermögen, Objektivität

⊖ Sehr gute stenographische Leistungen

Besondere Anforderungen an den Protokollführer

▨ Beurteilungsvermögen

▨ Erfassen von Redeabsichten

▨ Trennung Wesentliches von Unwesentlichem

▨ Prägnante Formulierungen

Anwendungsbereiche

▨ Mitarbeiterbesprechungen (Orientierung des Vorgesetzten durch seine Mitarbeiter)

▨ Konferenzen (beratende Versammlungen Gleichgestellter)

▨ Kolloquien (wissenschaftliche Diskussionen)

▨ Interviews (zur Veröffentlichung bestimmter Befragungen von Fachleuten)

▨ Tagungen, Kongresse (berufliche Zusammenkünfte in größerem Rahmen)

▨ Ausschußsitzungen

▨ Mitgliederversammlungen (Gesellschaften, Vereine laut Satzung)

▨ Generalversammlungen der Genossenschaften (Eintragung der Beschlüsse ins Protokollbuch)

usw.

Wichtig: Ein Verlaufsprotokoll empfiehlt sich, wo Sitzungen dazu dienen, eine spätere Entscheidung vorzubereiten oder wenn das Ergebnis einer Sitzung nur für einen kleinen Kreis (z. B. Firma oder Verband) für das interne Procedere von Interesse ist.

Das Kurzprotokoll (zusammenfassendes Protokoll)

Diese Protokollart wird eingesetzt, wenn später nachzulesen sein soll, wie die Ergebnisse im wesentlichen zustande gekommen sind. Das Kurzprotokoll enthält in gestraffter Form den Verhandlungsablauf, die Schwerpunkte, Diskussionsgedanken, Gegenüberstellungen, Ergebnisse – also wesentliche Ausschnitte, die das Gruppendenken beeinflussen und auf längere Sicht von Bedeutung sind. Die einzelnen Beiträge sind auf das Wichtigste gekürzt. Wesentliches kann auch thesenartig formuliert werden, denn Kürze und Übersichtlichkeit sind Hauptmerkmale dieser Protokollart.

Ein Kurzprotokoll sollte nur verfaßt werden,
– wenn wichtige Anregungen oder für ein Unternehmen richtungweisende Ansichten herausragender Mitarbeiter oder Persönlichkeiten festgehalten werden müssen,
– wenn verschiedene Parteien oder Interessengruppen verhandeln, damit alle Betroffenen nachlesen können, welche Argumente von welcher Seite vorgebracht wurden und auf welchem Wege man schließlich zur Einigung beziehungsweise zu Ergebnissen gekommen ist.

Es soll also dort eingesetzt werden, wo die Information weiterer Kreise im Vordergrund steht.

Die Namen einzelner Redner sollten nur erwähnt werden, wenn ihre Beiträge einen speziellen Informationswert haben, zum Beispiel bei Sitzungen zwischen Vertretern der Arbeitnehmer und der Geschäftsleitung. Denn die Arbeitnehmer könnten sich dafür interessieren, welche der Delegierten sich für ihre Anliegen eingesetzt haben. Bei betriebsinternen Sitzungen kann statt des Namens auch die interne Abkürzung der vom Sprecher vertretenen Abteilung verwendet werden, zum Beispiel PA (Personalabteilung), TD (technischer Dienst) oder GL (Geschäftsleitung). Das ist kürzer als der ganze Name, hält trotzdem die Herkunft einer Äußerung fest und ist zudem klarer, wenn die Abteilungen abwechselnd von verschiedenen Personen vertreten werden.

Vor- und Nachteile
⊕ Optimale Information in konzentrierter Form
⊕ Mitwirkung der Teilnehmer am Zustandekommen der einzelnen Beschlüsse ist erkennbar
⊕ Übersichtliche Wiedergabe
⊖ Protokollführer muß Bedeutung der einzelnen Beiträge selbst beurteilen (Kenntnis der Materie vor der Sitzung)
⊖ Fachkompetenz des Protokollführers unabdingbar

Anwendungsbereiche
▓ Verwaltungsratssitzungen
▓ Sitzungen zwischen Arbeitnehmervertretung und Geschäftsleitung
▓ Sitzungen von Arbeitsgemeinschaften verschiedener Firmen
▓ Abteilungskonferenzen
▓ Geschäftsleitungssitzungen
▓ Mitarbeiterkommissions-Sitzungen
▓ Vorstandssitzungen
▓ Abgeordnetenversammlungen

Wichtig: Ein Kurzprotokoll wird verfaßt, wenn Entscheidungen für eine kurze Frist gelten oder wenn sie nur für einen kleinen Kreis wirksam werden.

Das Ergebnis- oder Beschlußprotokoll

Diese Protokollart wird angewendet, wenn man später nur die Ergebnisse und/oder Beschlüsse einer Sitzung braucht. Es handelt sich dabei um die knappste Form einer Niederschrift, denn festgehalten werden nur die zur Beratung stehenden Fragen beziehungsweise die Ergebnisse/Beschlüsse einer Sitzung. Anträge (sofern sie nicht vor der Sitzung vorliegen), Beschlüsse und Abstimmungsergebnisse werden wörtlich festgehalten, bei einer Wahl auch die Namen der Kandidaten. Ergebnisprotokolle werden häufig auf Formblättern geschrieben (siehe Seite 108). Während oder nach der Sitzung trägt der PF den Text ein, unterschreibt und läßt das Formblatt abschließend auch vom Vorsitzenden unterzeichnen. Anschließend kann es in der notwendigen Anzahl kopiert und verteilt werden.

Vor- und Nachteile

⊕ Gute Übersicht durch treffende und klare Formulierungen

⊕ Möglichkeit der raschen Information

⊕ Geringer Arbeitsaufwand

⊖ Keine Hintergrundinformationen

⊖ Unzureichende Information für Außenstehende hinsichtlich der Argumente für die Beschlußfassung

Anwendungsbereiche

▨ Arbeitssitzungen

▨ Sitzungen in kleinen Gruppen

▨ Kolloquien (wissenschaftliche Diskussionen)

▨ Symposien (zwanglose Aussprachen von Wissenschaftlern; Vorträge)

▨ Beratungsgespräche

▨ Expertenkommissionen (Besprechungen von Fachfragen durch Fachkräfte)

▨ Dienstbesprechungen (Erteilung von Anweisungen oder Arbeitsaufgaben durch den Vorgesetzten)

▨ Mitarbeiterbesprechungen (Orientierung des Vorgesetzten durch seine Mitarbeiter)

▨ Round-table-Konferenzen (keine vertikale Gliederung, Teamarbeit, Arbeitsgruppen)

▨ Interviews (zur Veröffentlichung bestimmter Befragungen von Fachleuten)

▨ Tagungen, Kongresse (berufliche Zusammenkünfte in größerem Rahmen)

usw.

Wichtig: Ein Ergebnis- oder Beschlußprotokoll wird verfaßt, wenn Entscheidungen für eine kurze Frist gelten oder wenn sie nur für einen kleinen Kreis wirksam werden.

Mischformen

Im beruflichen und privaten Alltag kommen häufig Mischformen aus Ergebnis- oder Beschlußprotokoll und ausführlichem Protokoll vor. Von den Tagesordnungspunkten, die nur für die Sitzungsteilnehmer von Interesse sind, werden dabei lediglich die Beschlüsse festgehalten. Bei den anderen Punkten aber, die von allgemeinem Interesse sind oder die den Außenstehenden darüber Klarheit verschaffen müssen, wie man zu den Ergebnissen gekommen ist, wird auch der Verhandlungsablauf zusammengefaßt wiedergegeben.

Auch die Mischform zwischen Kurz- und wörtlichem Protokoll ist häufig, denn in manchen Fällen sollten wichtige Anregungen, Erklärungen oder Berichte am besten wörtlich wiedergegeben werden.

Der seiner Aufgabe gewachsene Protokollführer paßt sein Protokoll von Fall zu Fall den Bedürfnissen der jeweiligen Situation und der Sitzungsteilnehmer sowie der Wichtigkeit der besprochenen Tagesordnungspunke beziehungsweise dem Zweck des Protokolls an.

Das Gedächtnisprotokoll

Ein Gedächtnisprotokoll wird sehr häufig angefertigt, wenn kein »professioneller« Protokollführer zur Verfügung steht oder wenn erst am Schluß einer Besprechung die Abfassung eines Protokolls beschlossen wird. Gedächtnisprotokolle können nicht »vollständig« sein, denn ein Sitzungsteilnehmer protokolliert meistens nachträglich aus dem Gedächtnis (häufig ohne während der Sitzung angefertigte Notizen) die Ereignisse oder nur Teile davon. Dabei wird als Darstellungszeit in der Regel die Vergangenheit (Präteritum/Imperfekt) gewählt. Die Beweiskraft dieses Protokolls ist, sofern es nicht von den Beteiligten anerkannt wurde, gering.

Ein Gedächtnisprotokoll kommt oft im privaten Bereich vor – also dort, wo sich Menschen mit gemeinsamen Interessen außerhalb ihrer beruflichen Tätigkeit treffen, zum Beispiel in Vereinen oder beim Elternabend – und erinnert kaum noch an das »klassische« Protokoll.

Die häufigsten Protokollarten

Protokollart	Verlauf	Beiträge	Ergebnisse
Wörtliches Protokoll (Wortprotokoll)	unveränderter Verlauf (Teilnehmer, Anträge, Beschlüsse)	ungekürzte Beiträge der Teilnehmer	vollständiges Ergebnis
Ausführliches Protokoll (Verlaufsprotokoll)	geordnet (Teilnehmer, Anträge, Beschlüsse)	Beiträge der Teilnehmer mit Kürzungen, Streichungen, Zusammenfassungen	vollständiges Ergebnis
Kurzprotokoll (zusammenfassendes Protokoll)		sachbezogene Beiträge in Kurzform	vollständiges Ergebnis
Ergebnis- oder Beschlußprotokoll			vollständiges Ergebnis

Die Protokollsprache

Gesprochenes wird im Protokoll im Sachstil wiedergegeben, wobei sich der Protokollführer auf das Wesentliche beschränkt. Ein Beispiel:

> Während einer Besprechung sagte Herr Lehmann: »Wie Sie wissen, meine Damen und Herren, habe ich den Bebauungsplan mit dem Architekten besprochen.«

Im Protokoll könnte es heißen:

> *Herr Lehmann sagt (sagte), daß er den Bebauungsplan mit dem Architekten besprochen habe.*
> *Herr Lehmann: Den Bebauungsplan hat/habe er mit dem Architekten besprochen.*
> *Herr Lehmann hat/habe den Bebauungsplan mit dem Architekten besprochen.*
> *Den Bebauungsplan hat/habe Herr Lehmann mit dem Architekten besprochen.*

Welche Darstellungszeit ist im Protokoll nun richtig? Muß man die indirekte (nicht wörtliche) Rede verwenden? Wird immer der Konjunktiv (Möglichkeitsform) verlangt? Wie kann man die Namen der Redner im Protokoll wiedergeben?

Um Gesprochenes im Protokoll stilgerecht zu formulieren, müssen Sie nur mit einigen speziellen »sprachlichen« Problemen umgehen können. Sie sollten jedoch stets bedenken, daß ein Protokoll ein Dokument ist, das sowohl sprachlich (Rechtschreibung, Zeichensetzung, Grammatik, Stil) als auch inhaltlich einwandfrei sein muß.

Beim wörtlichen Protokoll hat der PF die gesprochene Sprache lediglich zu korrigieren: Er muß »Fehler« im Sprachgebrauch des Redners verbessern.

Die Darstellungszeit (Tempus)

Für ein Protokoll ist das Tempus nicht vorgeschrieben. Faßt man ein Protokoll als einen Bericht auf, dann ist es in der Vergangenheit (Präteritum/Imperfekt) zu formulieren.

Im modernen Ergebnis-, Kurz- oder ausführlichen Protokoll ist in der Regel alles, was verhandelt wird, in der Gegenwart (Präsens) abgefaßt. Damit versetzen Sie den Leser in die Sitzungssituation; er soll den Eindruck bekommen, an der Sitzung teilzunehmen:

Frau Kullen beantragt, daß die Beiträge künftig von einem Kreditinstitut eingezogen werden. Der Beitragzahler wünsche eine korrekte Handhabung.

Die Gegenwart unterstreicht die Korrektheit des Protokolls: Der Protokollführer macht seine Notizen, *während* die Redner sprechen. Auch bei der Redeeinleitung *Frau Kullen beantragte* (Vergangenheit) lautet die Redewiedergabe wie im Beispielsatz angegeben.

Direkte und indirekte Rede

Die Äußerung einer Person kann direkt (wörtlich) oder als etwas Berichtetes in der indirekten (berichtenden/nicht wörtlichen) Rede wiedergeben werden.

In Verlaufs- und Kurzprotokollen werden die Äußerungen von Sitzungsteilnehmern zusammengefaßt formuliert. Der Protokollführer hat aus dem Gesprochenen das Wichtigste herauszufiltern. Da es sich nicht um die Wiedergabe seiner eigenen Meinung handelt, sondern um die Meinung anderer, muß er die indirekte Rede (oder eine Alternative hierzu) verwenden. Damit hält er sich frei von eigenen Wertungen.

In einer Sitzung hat ein Teilnehmer geäußert: »Der Zustand des Parkhauses ist unbeschreiblich. Die meisten Mitarbeiter im Fahrdienst lassen ihren Abfall herumliegen!«

Bei der Verwendung des Indikativs (Wirklichkeitsform) hieße es im Protokoll:

*Herr Wilhelmy äußert, daß der Zustand des Parkhauses unbeschreiblich
    ist. Die meisten Mitarbeiter im Fahrdienst lassen ihren
    Abfall herumliegen.*

Gibt der Protokollführer damit die Ansicht von Herrn Wilhelmy
wieder oder schließt er sich dieser Ansicht an? Oder stimmt vielleicht, was Herr Wilhelmy den Mitarbeitern vorwirft? Eine derartige Unsicherheit muß in einem Protokoll ausgeschlosen werden.
Deshalb wird es im Konjunktiv formuliert:

*Herr Wilhelmy äußert, der Zustand des Parkhauses sei unbeschreiblich.
    Die meisten Mitarbeiter im Fahrdienst ließen ihren Ab-
    fall herumliegen.*

Was unterscheidet die indirekte Rede von der direkten Rede? Bei der
indirekten Rede erscheint der Inhalt der direkten Rede als Nebensatz, als Inhaltssatz, der mit einer Konjunktion (Bindewort) – »daß«
oder »ob« – eingeleitet wird:

– *Herr Schenkel hat gesagt, daß ihm sein Chef etwas Interessantes ge-
    sagt habe.*
– *Frau Schenkel fragt ihn, ob sie ihm etwas erzählen könne.*

Die Personalform des Verbs (des Zeit-/Tätigkeitswortes) steht dabei im Konjunktiv, womit die Abhängigkeit der indirekten Rede von
der Redeeinleitung, vom Hauptsatz, ausgedrückt wird. Manche
Schreiber scheuen die indirekte Rede aus Angst vor dem Konjunktiv,
obwohl dessen Benutzung gar nicht so schwierig ist.

Die Wiedergabe von Tatsachen

Was der PF selbst als Tatsache während einer Sitzung wahrnimmt,
muß im Indikativ wiedergegeben werden. Dieser wird also nicht nur
für die Redeeinleitung gewählt, sondern auch für die Formulierung
von Anträgen, Beschlüssen und Ergebnissen. Es heißt also nicht:

Herr Lutz spricht sich gegen den Antrag aus. Er schlage vor...

Sondern:

*Herr Lutz **spricht** sich gegen den Antrag aus. Er **schlägt** vor...*

Oder:

*Die Versammlung **einigt** sich, daß die neue Satzung am 01. 01. 19.. in Kraft treten **soll*** (nicht: solle).

Weitere Beispiele:

*Herr Müller **berichtet**, daß seine Bemühungen ergebnislos gewesen seien ... Frau Schulze **gibt zu bedenken** ... Herr Lutz **schließt sich** dem Vorschlag **an** ... Herr Flick **erklärt sich** damit **einverstanden** ... Die Versammelten **stimmen** dem Antrag **zu**.*

> **Tip:** Verwenden Sie den Indikativ auch, wenn Sie Vorträge (oder Teile davon) oder wichtige Erklärungen von Rednern wörtlich wiedergeben.

Die Wiedergabe von Meinungen

Für die Wiedergabe von Meinungen und Behauptungen in einem Protokoll wird die indirekte Rede – in Verbindung mit dem Konjunktiv – gewählt. Beispiel:

*Herr Lutz ist der Ansicht, ein Golfplatz **sei** für den Ort eine Prestigefrage. Für die Bevölkerung **könne** nicht genug getan werden. Ein Golfplatz **erweitere** die sportlichen Möglichkeiten.*

Der Einleitungssatz steht im Indikativ, der davon abhängige Satz im Konjunktiv I (Konjunktiv der Gegenwart):

*Herr Singer **sagt**, daß das Team erfolgreich **sei**.*

Der Konjunktiv II (Konjunktiv der Vergangenheit) wird in der indirekten Rede in folgenden Fällen verwendet:

▪ Wenn etwas Mögliches oder Wahrscheinliches gesagt beziehungsweise über einen Zustand oder eine Handlung nachgedacht wird:

*Herr Singer **sagt**, daß das Team nur dann erfolgreich sei, wenn die vorgeschriebene Zahl der Trainerstunden gewährleistet **wäre**.*

▪ Wenn der Konjunktiv I mit dem Indikativ der Gegenwart übereinstimmt und es unklar bleibt, daß indirekte Rede vorliegt. Beispiel:

*Er **sagt**, sie **haben** sich gefreut.* (Konjunktiv I)

→ *Er **sagt**, sie **hätten** sich gefreut.* (Konjunktiv II = Indikativ Präteritum)

Wenn der Konjunktiv II mit dem Indikativ übereinstimmt und aus dem Textzusammenhang die indirekte Rede nicht erkennbar ist oder wenn der Konjunktiv II antiquiert klingt (fliehen → flöhe, helfen → hülfe usw.), so verwendet man die Umschreibung mit »würde« + Infinitiv (= Konditional/Bedingungsform). Beispiele:

*Er **sagte**, er **freute** sich über ihren Erfolg.* (Konjunktiv II = Indikativ Präteritum)

→ *Er **sagte**, er **würde sich** über ihren Erfolg **freuen**.* (Konditional)

Vermeiden Sie Mißverständnisse in der indirekten Rede! Wenn möglich und deutlich, wählen Sie Konjunktiv I. Sonst wählen Sie Konjunktiv II. Ist auch dieser nicht deutlich, wählen Sie den Konditional. Der Konditional ist immer deutlich, aber manchmal etwas umständlich und steif.

Tip: Konjunktiv I und Konjunktiv II sind keine verschiedenen Tempusformen. Gleichgültig, ob in der Sitzung etwas in der Gegenwart oder in der Vergangenheit gesagt wurde, man nimmt zunächst bei der Redewiedergabe immer den Konjunktiv I. Nur dann, wenn dieser vom Indikativ nicht zu unterscheiden ist, weicht man auf den Konjunktiv II aus.

Eindeutige Wiedergabe

Bei der Verwendung der indirekten Rede stellen Sie als Protokollführer heraus, daß Sie über eine wörtliche Aussage berichten, gleichzeitig müssen Sie aber auch durch die Wahl eines entsprechenden redeeinleitenden Verbs angeben, wie die jeweilige Äußerung gemacht wurde. Beispiel:

Herr Jung: »Ich persönlich bin dafür, die Geräte zu leasen. So können wir unsere Kopierkosten insgesamt auch einfach besser kalkulieren und gehen kein so großes Risiko ein.«

Richtig in indirekter Rede:

Herr Jung plädiert für Leasing der Geräte. Kopierkosten seien damit besser kalkulierbar. Ferner sei das Risiko gering.

Oder Sie vermeiden eine Formulierung im Konjunktiv und bilden einen Hauptsatz im Indikativ:

Herr Jung plädiert für Leasing der Geräte wegen besserer Kalkulierbarkeit der Kopierkosten und des geringeren Risikos.

Falsch wäre es dagegen zu schreiben:

Herr Jung: Durch Leasing der Geräte können die Kopierkosten besser kalkuliert werden und das Risiko ist geringer.

In abhängigen Sätzen mit Redeeinleitung (= eingeleitete Inhaltssätze) gestattet der Duden auch die Verwendung des Indikativs, wenn die indirekte Rede schon eindeutig durch die Nebensatzform gekennzeichnet ist:

*Sie sagt, daß sie an einem Bericht **schreibt**.* (statt: *schreibe*)

*Er sagt, daß er das Protokoll schon **gelesen hat**.* (statt: *habe/hätte*)

Auch können die auf den ersten Satz folgenden Sätze im Indikativ stehen, wenn offensichtlich ist, daß noch wie vor indirekte Rede vorliegt:

Herr Sallmann bestreitet den Rückgang der Produktion. Nach den vorliegenden Unterlagen kann (könne) darüber zum gegenwärtigen Zeitpunkt keine verbindliche Aussage gemacht werden.

Die Beibehaltung des Konjunktivs ist in diesen Fällen jedoch stilistisch immer die bessere Lösung. Der Protokollführer sollte deswegen mit Konjunktivformen vertraut sein.

Der Konjunktiv (Hilfsverben, Modalverben, Vollverben)

	Präsens		Präteritum	
Infinitiv	Indikativ	Konjunktiv I	Indikativ	Konjunktiv II
	er, sie, es, sie	er, sie, es, sie	er, sie, es, sie	er, sie, es, sie
Hilfsverben:				
sein	ist sind	sei seien	war waren	wäre wären
haben	hat haben	habe haben	hatte hatten	hätte hätten
werden	wird werden	werde würden	wurde wurden	würde würden
Modalverben:				
können	kann können	könne können	konnte konnten	könnte könnten
wollen	will wollen	wolle wollen	wollte wollten	wollte wollten
müssen	muß müssen	müsse müssen	mußte mußten	müßte müßten
sollen	soll sollen	solle sollen	sollte sollten	sollte sollten
Vollverben:				
lieben	liebt lieben	liebe lieben	liebte liebten	liebte liebten
tragen	trägt tragen	trage tragen	trug trugen	trüge trügen
gehen	geht gehen	gehe gehen	ging gingen	ginge gingen
wissen	weiß wissen	wisse wissen	wußte wußten	wüßte wüßten

Der passende Stil

Im Protokoll wird das Besprochene objektiv und unparteiisch wiedergegeben. Ein Protokoll ist jedoch kein »Kunstwerk«. Es soll in der Wortwahl und im Satzbau der Standardsprache entsprechen – also weder Elemente aus der Umgangssprache noch aus einem Dialekt enthalten. Allerdings muß der Protokollführer darauf achten, daß seine Formulierungen den Anforderungen der Fachsprache des jeweils protokollierten Gebietes entsprechen.

Die meisten Schwierigkeiten bereiten erfahrungsgemäß neben dem Gebrauch der indirekten Rede Probleme, die mit dem Stil zu tun haben. Einige typische Stolpersteine finden Sie im folgenden zusammengestellt.

Nebensatzformen der indirekten Rede

Ein mit »daß« eingeleiteter Nebensatz (a) ist auch als uneingeleiteter Nebensatz (b) möglich.

Aussagesatz:
a) Er sagte mir, **daß** er sie besucht habe.
b) Er sagte mir, er **habe** sie besucht.

Aufforderungssatz:
a) Elsa bat ihn, **daß** er sie besuchen möge/solle.
b) Elsa bat ihn, er **möge/solle** sie besuchen.

In einem Protokoll könnte es heißen:
a) *Herr Lehmann betont, **daß** beim letzten Bereichsleitertreffen eine Vereinbarung darüber getroffen worden sei, **daß** künftig regelmäßig Teambesprechungen abgehalten werden sollten.*
b) *Herr Lehmann betont, beim letzten Bereichsleitertreffen **sei** man übereingekommen, künftig regelmäßig Teambesprechungen **abzuhalten**.*

Im Beispiel b) steht anstelle des zweiten mit »daß« eingeleiteten Nebensatzes eine Infinitivkonstruktion, eine absolut legitime Variante (und die elegantere Lösung!).

Veränderung der Personal- und Possessivpronomen

Gegenüber der direkten Rede wird in der indirekten Rede oftmals eine Personalverschiebung nötig. Die Personal- und Possessivpronomen (persönliche und besitzanzeigende Fürwörter) der 1. und 2. Person, vereinzelt auch der 3. Person, verändern sinngemäß ihre Personalform.

Für den Protokollführer ist folgende Regel besonders wichtig:
Das Personalpronomen, welches das Subjekt der Rede bezeichnet, richtet sich nach der besprochenen Person der Redeeinleitung:
Direkte Rede: Er sagte (über sich): »**Ich** komme zum ...«
Indirekte Rede: *Er sagt,* **er** *käme zum ...*

In allen anderen Fällen der Verwendung eines Personalpronomens anstelle von Herr..., Frau..., die Teilnehmer der ... o. ä. muß der Protokollführer sorgfältig entscheiden, welche Form in der indirekten Rede die richtige ist. Beispiele:

Er sagte (über sich): »**Ich** gebe Ihnen die Zusage ...«
→ *Er sagt,* **er** *gäbe ihr/ihm/ihnen die Zusage ...«*
Er sagte (über sich): »**Ich** gebe ihnen die Zusage ...«
→ *Er sagt,* **er** *gäbe ihnen die Zusage ...*
Er sagte (über sich): »**Ich** gebe dir die Zusage ...«
→ *Er sagt,* **er** *gäbe ihr/ihm die Zusage ...*

Der PF berichtet stets von einem neutralen Standpunkt. Ist in der Rede ein Possessivpronomen vorhanden, so gilt die erwähnte Regel in sinngemäßer Anwendung. Bezieht sich ein Redner beispielsweise auf seine Abteilung, Firma, Institution o. ä. mit »wir«, sollte im Protokoll dafür etwa die betreffende Abteilung eingesetzt werden:

Herr Schmid: »**Wir** haben einen guten Umsatz erzielt.«
Herr Schmid berichtet, **seine Abteilung** *habe einen guten Umsatz erzielt.*
Herr Reichert: »**Wir** müssen unsere Aufmerksamkeit in Zukunft vermehrt auf die Anwender richten.«
Herr Reichert meint, **seine Firma** *müsse ihre Aufmerksamkeit in Zukunft vermehrt auf die Anwender richten.*

Wichtig: Die Regel gilt lediglich, wenn die Teilnehmer einer Sitzung verschiedenen Firmen angehören. Der Protokollführer kann »wir«, »unsere Software«, »unsere Abteilung« usw. verwenden, wenn Angehörige desselben Betriebs zusammenkommen.

Tip: Unterscheiden Sie immer zwischen dem Redner und den vom Redner Bezeichneten (ich – *er*; wir – *die Firma, Abteilung*).

Demonstrativpronomen statt Personalpronomen

Die Unterscheidung zwischen dem Redner und der/den von ihm in seinen Ausführungen angesprochenen Person/Personen ist für den Protokollführer häufig schwierig. Für eine Person sollte in diesem Falle ein Demonstrativpronomen (hinweisendes Fürwort) verwendet werden:

Herr Singer: »**Frau Anders**, Sie reagieren so, als ob es Meinungsverschiedenheiten gäbe. Sie wissen aber, daß es zwischen den genannten Arbeitsbereichen keine Probleme gibt.«

*Herr Singer wirft Frau Anders vor, **diese** reagiere so, als ob es Meinungsverschiedenheiten gäbe. Frau Anders wisse aber, daß...*

Verschiebung von Zeitangaben

Die Wiedergabe in indirekter Rede macht auch Verschiebungen von Zeitangaben nötig:

Herr Sallmann: »Ich kann Ihnen die Ware in einer Woche liefern.«
Herr Sallmann versichert, die Ware in der kommenden Woche zu liefern.
Frau Krug: »In einem Jahr habe ich ein größeres Budget.«
Frau Krug versichert, sie werde ein Jahr später ein größeres Budget haben.
Frau Link: »Gestern ist die große Handwerksmesse eröffnet worden.«
Frau Link bemerkt, daß am Vortag die große Handwerksmesse eröffnet worden sei.

Folgende Zeitangaben entsprechen einander:

heute	→ (noch) am gleichen Tag
gestern	→ am Vortag/Tag zuvor
morgen	→ am nächsten Tag/Tag danach
vorhin	→ kurz zuvor
gleich	→ kurz danach
neulich	→ einige Zeit zuvor/davor
(am) vorigen Mittwoch	→ am Mittwoch zuvor
(am) nächsten Sonntag	→ am Sonntag darauf

Wiedergabe von Floskeln und Ausrufen

Die entsprechenden Gliederungssignale können in der indirekten Rede wie folgt wiedergegeben werden:

Direkte Rede	Redeerwähnung
Herr Müller: »naja«	Herr Müller äußert seine Zweifel.
»klar«	Herr Müller erklärt seine Zustimmung.
»ach!«	Herr Müller drückt seine Überraschung aus.
»sicher!«	Herr Müller stimmt zu.
»oh je!«	Herr Müller reagiert entsetzt.
»Verzeihung«	Herr Müller bittet um Verzeihung.
»nanu?«	Herr Müller äußert seine Überraschung.

In eine Redewiedergabe eingeschobene Korrekturen und Erläuterungen, die mit Wendungen wie zum Beispiel »genauer gesagt«, »mit anderen Worten«, »das heißt« eingeleitet sind, werden eher dem Protokollführer zugeschrieben als dem Originalredner. Die Wiedergabe derartiger Redeformen sollte eher vermieden werden.

Konkurrenzformen der indirekten Rede

Bedenken Sie, daß ein mit »daß« eingeleiteter Nebensatz auch mit Hilfe eines Infinitivsatzes ausgedrückt werden kann:

*Frau Fuchs schlägt vor, **daß** man dem Antrag zustimmen solle.*
Frau Fuchs schlägt vor, dem Antrag zuzustimmen. (Infinitivsatz)

Herr Reeder glaubt, daß er morgen gewinnen werde.
Herr Reeder glaubt, morgen zu gewinnen. (Infinitivsatz)

Oder: Herr Reeder glaubt, er werde morgen gewinnen.

Die Rede nach dem redeeinleitenden Verb kann auch in nominalisierter Form als Objekt angeschlossen werden:

Herr Müller: »Ich habe mehrmals bei Frau Siller angerufen.«

Herr Müller spricht von einem mehrmaligen Anruf bei Frau Siller.
(Aussage im Indikativ als Hauptsatz)

Durch diese Möglichkeit wird das Protokoll sprachlich griffiger, jedoch nur, wenn das Wichtigste genannt wird.

Nicht: *... Es müsse noch berücksichtigt werden, daß die Arbeitszeitumstellung viel Geld kostet.*

Sondern: *Die Arbeitszeitumstellung koste viel Geld.*

Wiedergabe von Rednernamen

Beim personenbezogenen ausführlichen Protokoll werden in der Regel die Namen am Anfang des jeweiligen Redebeitrages aufgeführt. Der Name kann dabei Bestandteil des Satzes sein:

Herr Hasenpflug erwähnt, daß Papier sofort beschafft werden müsse.

Der Name kann aber auch vorangestellt werden, ohne Bestandteil des Satzes zu sein:

Herr Hasenpflug Mit der Anschaffung kann/könne nicht gewartet werden.

»Sagen« ist ein nichtssagendes Verb

Um stärker hervorzuheben, wer spricht, wird die direkte Rede in einem Text häufig eingeleitet oder abgeschlossen mit Formulierungen wie »rief sie«, »er fragte«, »sie antwortete«, »murmelte er«. Diese

Anführungsteile der direkten Rede können den Leser zusätzlich informieren über etwas, das nicht in der direkten Rede mitgeteilt werden kann, oder sie können den Eindruck der direkten Rede verstärken. Das häufig verwendete Verb »sagen« ist dafür unzureichend. Je nach Situation und Gemütsverfassung werden Lautstärke, Sprechtempo und Deutlichkeit der Aussprache (Artikulation) der sprechenden Person – des Redners in einer Sitzung – unterschiedlich sein.

Wichtig: Beim Umformen direkter Rede muß der Protokollführer das Gesprochene neutral und objektiv wiedergeben. Das erwartet der Leser von einem Protokoll. Allerdings muß der PF schon Farbe bekennen bei der Wahl der Redeeinleitung. Es macht ja einen großen Unterschied, ob er schreibt, jemand habe etwas gesagt oder mitgeteilt, oder er habe etwas eingestanden oder gelogen usw.

Der Protokollführer hat oft Schwierigkeiten, bei der Redewiedergabe das treffende redeeinleitende Verb (Sprechverb) zu finden und abwechslungsreich anzuwenden. Er kann beispielsweise nicht jede Meinungsäußerung mit »Herr ... sagt...« einleiten, denn »sagen« ist ein sehr blasses Wort. Vielmehr sollten unterschiedliche Sprechverben in wechselnder Reihenfolge verwendet und damit die Art eingefangen werden, wie und mit welcher Absicht die jeweilige Äußerung vom Redner gemacht wurde. Bei geschickter Wahl geben die redeeinleitenden Verben die Haltung, Einstellung und Auffassung des direkt oder indirekt zitierten Redners wieder:

Er sagt/erklärt/erzählt/behauptet/betont/berichtet/stellt fest/..., daß...
Er fragt/stellt die Frage/will wissen/ bittet um Auskunft/..., ob...
Er ordnet an/befiehlt/verlangt/wünscht/droht/..., daß...
Er glaubt/weiß/hofft/stellt sich vor/..., daß...
Er schlägt vor/regt an/rät/empfiehlt/bringt vor /..., daß...

Manchmal ist es für den Protokollführer nicht einfach, das redeeinleitende Verb festzulegen, weil er die Absicht einer Äußerung nicht verstanden hat:

Herr Vetter: »Es gibt immer wieder Probleme mit der Putzkolonne. Ich habe den Eindruck, die Arbeitszeiten sind nicht richtig organisiert. Frau Göttler muß die Unterlagen so füh-

ren, daß jede Abweichung von den Arbeitszeiten sofort auf-
fällt.«

Was macht Herr Vetter mit seiner Äußerung? – Er kritisiert unter-
schwellig die Arbeit der Putzkolonne. Gleichzeitig erteilt er eine
Anweisung, wie die Arbeitsunterlagen zu führen seien (ohne diese
Anweisung direkt als eine solche zu formulieren).

Die Wiedergabe im Protokoll könnte lauten:

*Herr Vetter kritisiert die Putzkolonne. Frau Göttler müsse die Unter-
lagen so führen, daß jede Abweichung von der Arbeitszeit
sofort erkennbar sei.*

*Herr Vetter hält es für notwendig, die Unterlagen über die Arbeitszeiten
der Putzkolonne so zu führen, daß jede Abweichung sofort
erkennbar sei.*

Das redeeinleitende Verb »für notwendig halten« enthält gewisser-
maßen die Kritik an den bestehenden Zuständen, denn andernfalls
wäre eine Änderung nicht notwendig. »Frau Göttler« wird nicht
erwähnt, denn es ist davon auszugehen, daß die Sitzungsteilnehmer
wissen, wer für die Organisation der Arbeitszeiten der Putzkolonne
verantwortlich ist.

*Herr Vetter regt die übersichtliche Führung der Unterlagen über die
Arbeitszeiten der Putzkolonne an, um bestehende Probleme
zu beseitigen.*

Hier ist die »Schärfe« der Äußerung eingeebnet. Die Wiedergabe
ist der ursprünglichen Äußerung **nicht angemessen**, der PF hat diese
letztlich nicht richtig interpretiert.

Dieses Beispiel zeigt: Der Protokollführer muß mitdenken, um eine
Redeabsicht im Protokoll annähernd richtig wiedergeben zu können. Damit die protokollierten Äußerungen auch Kontur bekommen, sollte er zur raschen Formulierung der Redeeinleitung mit
treffenden Sprechverben vertraut sein. Die Wiederholung einzelner
redeeinleitender Verben innerhalb eines Protokolls ist zu vermeiden.

Achten Sie deshalb auf Nuancen und darauf, daß die Redeeinleitung
stimmt!

Die drei Phasen einer Besprechung

Die Abhandlung eines Themas gliedert sich gewöhnlich in drei Phasen:

1. Austausch von Informationen,

2. Problemlösung und

3. Fixierung von Ergebnissen.

Im Verlauf dieser Phasen stellt ein Redner einen Vorgang dar, er »sagt« etwas – er berichtet, er beschreibt, er schildert die Ergebnisse seines Denkens, seine Erkenntnisse, er breitet sein Wissen in der Diskussion aus. Zugleich aber ist er persönlich engagiert. Sein persönliches Urteil fließt in seine Darstellung ein: Er bedauert, er befürchtet, er erhofft, er erwartet. Und schließlich will er mit seinen Worten die anderen Sitzungsteilnehmer überzeugen. Und diese Absicht erfordert wieder einen anderen Wortbereich als die reine Darstellung und der persönliche Ausdruck. Er bittet, er will wissen, er fordert, er gibt zu bedenken, er verlangt: Er appelliert.

Der Protokollführer sollte bestrebt sein, diese drei Bereiche, die objektive Darstellung, die subjektive Meinung und den mehr oder weniger offen ausgesprochenen Appell an die Sitzungsteilnehmer im Protokoll herauszuarbeiten.

Entsprechend der drei Funktionen der Sprache (Darstellung, Ausdruck und Appell) sind dem Verb »sagen« sinnverwandte Ausdrücke zugeordnet.

Die in der Übersicht aufgeführten drei Gruppen lassen sich zum Beispiel mit Hilfe eines Wörterbuchs für sinnverwandte Ausdrücke (Synonymwörterbuch) jederzeit ergänzen. Abwechslung im Wortgebrauch trägt zur Qualität eines Protokolls bei.

Redeeinleitende Verben (Auswahl)

Ausdruck	Darstellung	Appell
unterstreichen	vortragen	bitten
sich aussprechen für	referieren	fordern
behaupten	unterrichten	auffordern
neigen zu	ausführen	befragen
überzeugt sein	angeben	zu Bedenken geben
für richtig halten	sich erweisen	verantwortlich machen
erwägen	zusammenfassen	verlangen
geltend machen	zitieren	wissen wollen
hoffen	anführen	beantragen
erwarten	darlegen	sich einsetzen
wünschen	verdeutlichen	anregen
vertrauen auf	aufzeigen	befürworten
betonen	beschreiben	zur Bedingung machen
hervorheben	auseinandersetzen	Vorwürfe erheben
befürchten	klar machen	vorwerfen

Nebensatzhäufungen

Grundsätzlich vermeidet man in Protokollen eine Häufung von Nebensätzen, denn Nebensatzhäufungen stehen der Informationskonzentration eines Protokolls entgegen. Beachten Sie deshalb folgende Punkte:

1. Vermeiden Sie zwei »sagen«-Wörter nacheinander.

Frau Wenig sagt, sie bezweifle, ob...
Besser: *Frau Wenig bezweifelt, ob...*
Herr Herrmann meint, er wisse, daß...
Besser: *Herr Herrmann weiß, daß...*

2. Verwenden Sie Partizipien.

Herr Lehmann hat keine Bedenken gegen die Maßnahmen, die Frau Schlicht vorgeschlagen habe.

Besser: *Herr Lehmann hat gegen die von Frau Schlicht vorgeschlagenen Maßnahmen keine Bedenken.*

Die Adjektiverweiterung »von Frau Schlicht vorgeschlagenen« steht anstelle des Nebensatzes »die Frau Schlicht vorgeschlagen habe«. Aus der Verbform »vorgeschlagen habe« wurde das Adjektiv »vorgeschlagenen« mit Hilfe des Partizip Präsens gebildet.

3. Verwenden Sie die Präposition *von*.

Herr Lehmann kann dem Vorschlag, den Frau Schlicht gemacht hat, nicht zustimmen.
Besser: *Herr Lehmann kann dem Vorschlag von Frau Schlicht nicht zustimmen.*

Der Relativsatz »den Frau Schlicht gemacht hat« wird zu »von Frau Schlicht« zusammengefaßt.

Der Antrag, den Herr Schmidtke gestellt hat, könne nicht befürwortet werden.
Besser: *Der Antrag von Herrn Schmidtke könne nicht befürwortet werden.*

Überflüssiges und stilistisch Anstößiges

In diesem Kapitel finden Sie einige Problembereiche, auf die man nicht nur in Protokollen, sondern auch in der Geschäftskorrespondenz achten sollte:

■ Überflüssige Vorsilben bei Verben

Verwenden Sie beispielsweise
ändern statt abändern,
kaufen statt ankaufen,
liefern statt anliefern,
prüfen statt überprüfen.

■ Überflüssige Umstandswörter bei Verben

Verwenden Sie beispielsweise
kaufen statt käuflich erwerben,
leihen statt leihweise überlassen.

■ Überflüssige Adjektive

Die in Klammern gesetzten Adjektive können wegfallen, denn ihre Bedeutung ist bereits im Substantiv, das sie näher bestimmen, enthalten:

der (erforderliche) *Bedarf, das* (dringende) *Bedürfnis, die* (erbrachte) *Leistung*

■ Falsch gesteigerte Adjektive

Manche Adjektive kann man nicht mehr steigern; sie bezeichnen den höchstmöglichen Grad:

einzige Möglichkeit – nicht: einzigste Möglichkeit
maximale Forderungen – nicht: maximalste Forderungen
optimale Bedingungen – nicht: optimalste Bedingungen

■ Füllwörter

Füllwörter wie »bekanntlich«, »durchaus«, »sozusagen«, »ja«, »selbstverständlich« u. a. sind in der Geschäftskommunikation meistens überflüssig und können ersatzlos gestrichen werden – sie verhindern Kürze und Prägnanz des Ausdrucks.

■ Modewörter, Neudeutsch, Jugendsprache, Übertreibungen u. ä.

In Protokollen ist der Gebrauch von Modewörtern, Neudeutschem, Jargon oder von Jugendsprache deplaziert. Denn im Sachstil ist eine Nachfrage nicht »überwältigend«, »gewaltig« oder »phantastisch«. Sie ist »groß«, »außergewöhnlich«, oder sie wird mit einer Zahl angegeben, zum Beispiel »180 % der entsprechenden Zahl des Vormonats«.

Vermeiden Sie Ausdrücke wie toll, logo, einmalig, echt, checken, Arbeitssparer, megafit, dudenrichtig, interessant, direkt, leidenschaftlich, phänomenal, außerordentlich, famos, märchen- oder sagenhaft.

■ Sprachklischees

Sprachklischees erinnern an verstaubte Amtsstuben; häufig sind sie veraltet und passen nicht zum sachlichen, knappen Stil eines Protokolls:

ich würde meinen, unter Bezugnahme auf den vorigen Redner, voll und ganz, mehr oder weniger, auf alle Fälle, u. a.

▧ Stilistische Anstößigkeiten

Dazu zählen
- unziemliche Vergleiche:
  Er erwiderte, wütend wie ein Stier...

- falsche oder zu bildhafte Sprache:
  ...da liegt der springende Höhepunkt...

- schiefe sprachliche Bilder:
  ...der Tiefpunkt der Arbeitslosigkeit hat seinen Höchststand erreicht...

- Doppelausdrücke und Pleonasmen:
  in wütendem Zorn, aufoktroyieren, Grundprinzip

- Streckverben und Nominalstil.

Dynamische, ausdrucksstarke Verben machen die Sprache lebendig. Streckverben enthalten meistens ein bedeutungsloses Verb in Verbindung mit einem Substantiv und tragen dazu bei, daß Substantive in großer Zahl in einem Text vorkommen. In vielen Fällen wirken die Sätze dann aufgeblasen, langatmig und umständlich. Man spricht in diesem Falle von Nominalstil. Stilistisch besser ist die Verwendung von

mitteilen	statt Mitteilung machen,
prüfen	statt einer Prüfung unterziehen,
danken	statt Dank zum Ausdruck bringen,
bitten	statt die Bitte äußern,
wünschen	statt den Wunsch äußern,
antworten	statt zur Antwort geben,
fragen	statt die Frage aufwerfen,
erklären	statt eine Erklärung abgeben.

Standardsprache statt Umgangssprache oder Dialekt

Dialekt und Umgangssprache gehören in der Regel nicht ins Protokoll. Im wörtlichen Protokoll müssen sie jedoch wiedergegeben werden, wenn die jeweiligen Äußerungen von Wichtigkeit sind. In allen anderen Fällen sollte der Protokollführer entsprechende Ausdrücke in Standardsprache umformen.

Umgangssprache:	Standardsprache:
(nur wörtliches Protokoll)	
Für die Umsatzsteigerung ist beim besten Willen nicht mehr drin.	*Der Umsatz lasse sich nicht mehr steigern.*
Wann können wir dieses leidige Problem endlich vom Tisch haben?	*... fragt, wann das Problem erledigt werde.*

Sehen Sie hierzu auch Auszüge aus einem stilistisch schlechten Protokoll:

Herr Pelz vertritt die Ansicht, daß es ein Schmarren sei, in der Provinz Kurse zur beruflichen Weiterbildung anzubieten.

Herr Pelz erklärt, die Sache habe ihm heftige Kopfschmerzen verursacht: Dagegen sei kein Kraut gewachsen.

Frau Pollack erklärt, es schade nicht, wenn einmal bekannt werde, was Herr Langer für einer sei.

Polemische Äußerungen

Polemische (feindselige, aggressiv überspitzte) Äußerungen und zugespitzte Debatten sollte der PF sprachlich reinigen und distanziert wiedergeben. Persönliche Angriffe werden im Protokoll nur angedeutet.

Spielen derartige Ausführungen in der Debatte jedoch eine wichtige Rolle, oder werden sie gar zum Gegenstand von Beleidigungsklagen, dann müssen sie im Protokoll möglichst genau erscheinen. Der sachlichen Darstellung können beispielsweise in Klammern die wörtlichen Ausführungen als Zitate folgen.

Wörtliches Protokoll:

Frau Spitz: »Herr Segmüller, Ihr pathologisches Verhalten hängt mir langsam zum Halse heraus.« Herr Segmüller: »Sie sind die letzte, die mir so etwas vorwerfen kann, denn Sie leiden ja selbst unter Verfolgungswahn.«	*Frau Spitz greift Herrn Segmüller scharf an. Dieser weist die Vorwürfe entschieden zurück.*

Ein häufiges Problem beim Protokollieren ist die subjektive Einfärbung. Diese Gefahr besteht dann, wenn ein an der Sitzung unmittelbar Beteiligter das Protokoll führt.

Der PF darf den Bericht auch keinesfalls mit wertenden Formulierungen versehen, die seine Meinung ausdrücken. Er sollte nicht schreiben:

Nach den »ausgezeichneten« Ausführungen von Frau Spitz ergreift Herr Segmüller das Wort.

Oder:
Herr Segmüller wendet sich mit einer »durchaus anfechtbaren« Beweisführung gegen die Argumente von Frau Spitz«.

Streichen und kürzen

Ein Protokollführer muß nicht nur wissen, welche sprachlichen Mittel er bei der Protokollführung einsetzen kann, er muß auch in der Lage sein, das Wesentliche aus dem zu protokollierenden Text herauszufiltern und zu formulieren. Mit bestimmten Stilmitteln lassen sich die Ausführungen einer Sitzung straffen.

Insbesondere für das ausführliche Protokoll bieten sich folgende Möglichkeiten an:

a) Streichen
Unwichtige Redebeiträge werden nicht ins Protokoll übernommen. Sie werden gestrichen.

b) Zusammenfassen
Mehrere Beiträge eines Redners zum gleichen Tagesordnungspunkt können zu einer Aussage zusammengefaßt wiedergegeben werden.

c) Kürzen
Nur der wesentliche Inhalt eines Redebeitrages wird wiedergegeben. Weggelassen beziehungsweise ausgeglichen werden Spuren situationsbedingten Sprachverhaltens oder persönliche Merkmale eines Sprechers. Die Sätze werden sprachlich gestrafft, zum Beispiel durch Reduzierung der Nebensätze.

Anhand des folgenden Protokollabschnitts können Sie sehen, wie man mit diesen Ratschlägen in der Praxis umgehen kann. Das Beispiel zeigt Auszüge aus einem ausführlichen Protokoll:

Frau Dr. Fugger: »Es ist schön, Herr Glocke, daß es Ihnen – trotz Ihres vollen Terminkalenders – möglich war, zu uns zu kommen.«

Herr Glocke: »Das ist doch selbstverständlich. Gehört sozusagen zum Service von XYZ.«

Frau Dr. Fugger: »Wir sind gespannt auf die Lösungsmöglichkeiten, die wir wegen unserer Transportprobleme von Ihnen erwarten. Bitte, Herr Glocke.«

Herr Glocke: »Meine Damen und Herren, Frau Dr. Fugger hat die Transportprobleme Ihres Betriebes angesprochen. Mir liegen ausführliche Unterlagen hierüber vor. Ich bin also informiert über Ihre Schwierigkeiten.
Mein Unternehmen bietet mit seinen Kleincontainern vielseitig verwendbare Transport- und Verpackungseinheiten an. Sie ermöglichen eine durchgängige Transportkette.«

Frau Dr. Fugger bedankt sich bei Herrn Glocke von der Firma XYZ für sein Kommen und erwartet von ihm Vorschläge zur Lösung die Transportprobleme.

Herr Glocke führt aus, die Firma XYZ biete mit ihren Kleincontainern vielseitig verwendbare Transport- und Verpackungseinheiten an, die eine nicht unterbrochene Transportkette bildeten.

Die Protokollsprache

Achten Sie auf folgende Punkte:

Wenn nichts Wichtiges im Protokoll fehlen soll, müssen Sie bei der Formulierung die Fragen WER – WAS – WANN – WO – WIE – WARUM – WOMIT berücksichtigen.

- Darstellungszeit (Gegenwart)
- Direkte Rede für Tatsachen und Ergebnisse (Anträge, Beschlüsse)
- Indirekte Rede oder Konkurrenzformen für Behauptungen und Meinungen
- Klare und verständliche Ausdrucksweise
- Standardsprache (häufiger Wechsel von Sprechverben)
- Zusammengefaßte Wiedergabe ineinandergreifender Gedanken
- Abwechslung bei den redeeinleitenden Verben
- Übereinstimmung des Inhalts mit dem in der Sitzung Gesagten
- Beschränkung auf das Wesentliche (abhängig von der Protokollart)
- Unparteiische Wiedergabe von Tatsachen
- Vorsicht bei der Wiedergabe von Gefühlen, Stimmungen, Vermutungen oder Schlußfolgerungen – meistens gehören sie nicht in das Protokoll
- Ansprechende äußere Form
- Übersichtliche Gliederung
- Sparsamer Umgang mit Hervorhebungen
- Zitate in Klammern setzen
- Richtiger Sprachgebrauch
- Guter Stil

Übungsteil A

I. Setzen Sie die Sätze in den Konjunktiv I und II.

		Kon- junktiv I	Kon- junktiv II	
1. Ich will sofort ab- reisen.	Ich	....	....	sofort abreisen.
2. Lisa trägt es mit Gelassenheit.	Lisa	....	....	es mit Gelas- senheit.
3. Sie hat dazu keine Zeit.	Sie	....	....	dazu keine Zeit.
4. Die Jogger sind bereits am Ziel.	Die Jog- ger	....	....	bereits am Ziel.
5. Er wird es erneut versuchen.	Er	....	....	es erneut ver- suchen.
6. Man kann es an- nehmen.	Man	....	....	es annehmen.
7. Sie weiß es immer ganz genau.	Sie	....	....	es immer ganz genau.
8. Frau Stilz muß jetzt antworten.	Frau Stilz	....	....	jetzt antworten.
9. So geht es aber auf keinen Fall.	So	....	....	es aber auf kei- nen Fall.
10. Er liebt Über- treibungen.	Er	....	....	Übertreibungen.
11. Es soll wirklich so geschehen sein.	Es	....	....	wirklich so geschehen sein.

**II. Entscheiden Sie sich in den folgenden Sätzen für den
Konjunktiv I oder II.**

Direkte Rede		Indirekte Rede	
1. Ich werde gerne aufräumen.	Ich	....	gerne aufräu- men.
2. Er hat wirklich keine Ahnung.	Er	....	wirklich keine Ahnung.

3. Sie können es gerne versuchen.	Sie	....	es gerne versuchen.
4. Die Mitarbeiter wissen es nicht.	Die Mitarbeiter	....	es nicht.
5. Man kann die Seiten verkleinern.	Man	....	die Seiten verkleinern.
6. Es geht heute leider nicht.	Es	....	heute leider nicht.
7. Herr Specht ist sicherlich bereit.	Herr Specht	....	sicherlich bereit.
8. So muß es sein.	So	....	es sein.

III. Diese Sätze sind unnötig lang – Formulieren Sie sie neu!

1. Herr Lutz entgegnet, daß er damit nicht einverstanden sei.
2. Frau Zahn teilt mit, sie könne die Dienstreise nicht antreten.
3. Herr Steil berichtet, er widerspräche den genannten Abmachungen.
4. Herr Rex sagt, die Ergebnisse könne er nicht akzeptieren.

IV. Formen Sie diese Sätze um – vermeiden Sie einen mit »daß« eingeleiteten Nebensatz.

1. Frau Lehmann führt an, daß sie sich dafür nicht einsetzen werde.
2. Frau Kling äußert, daß alle Erwartungen stark übertroffen worden seien.
3. Herr Schneider schlägt vor, daß sich alle Mitarbeiter daran beteiligten.
4. Herr Wagner regt an, daß das Areal gekauft werden soll.

V. Formen Sie die Sätze in der linken Spalte bitte in indirekte Rede um.

Direkte Rede	Redewiedergabe im Protokoll
Herr Stich: »Guten Morgen, Frau Filz, ich hatte Sie gebeten, mir Ihr neues Programm über Ge-	_____ _____ _____

schenkartikel zu zeigen. Ich
möchte mich gerne informieren,
um dann zu ordern.«

Frau Filz: »Hier habe ich noch
eine Schreibmappe im Format
A5. Das Material ist feinstes Leder. Da die Mappe sehr handlich
ist, wird sie gerne auf Reisen mitgenommen.«

Herr Lutz: »Frau Trick, wir haben
ja schon darüber gesprochen –
die heute auf der Tagesordnung
stehenden Themen fallen in Ihren
Aufgabenbereich. Also übernehmen Sie bitte den Vorsitz!«

Frau Trick: »Kommen wir jetzt
zum zweiten Punkt der Tagesordnung. Herr Wenger, könnten
Sie uns bitte Ihr Problem etwas
näher erläutern?«

Herr Carl: »Ja, ich habe meinem
Team bereits den Auftrag gege-
ben, einen Entwurf für die
Werbeschrift zu machen.«

Herr Mumpitz: »Da sind wir ja
ein schönes Stück weitergekommen. Vielen Dank! Und denken
Sie bitte an den Messetermin in
Leipzig!«

Die Lösungen

Aufgabe I

1. Ich	wolle	wollte	sofort abreisen.
2. Lisa	trage	trüge	es mit Gelassenheit.
3. Sie	habe	hätte	dazu keine Zeit.
4. Die Jogger	seien	wären	bereits am Ziel.
5. Er	werde	würde	es erneut versuchen.
6. Man	könne	könnte	es annehmen.
7. Sie	wisse	wüßte	es immer ganz genau.
8. Frau Stilz	müsse	müßte	jetzt antworten.
9. So	gehe	ginge	es aber auf keinen Fall.
10. Er	liebe	liebte	Übertreibungen.
11. Es	solle	sollte	wirklich so geschehen sein.

Aufgabe II

1. Sie/Er	würde	gerne aufräumen.
2. Er	habe	wirklich keine Ahnung.
3. Sie	könnten	es gerne versuchen.
4. Die Mitarbeiter	wüßten	es nicht.
5. Man	könne	die Seiten verkleinern.
6. Es	gehe	heute leider nicht.
7. Herr Specht	wäre	sicherlich bereit.
8. So	müßte	es sein.

Aufgabe III

1. Herr Lutz ist/sei damit nicht einverstanden.
2. Frau Zahn kann/könne die Dienstreise nicht antreten.
3. Herr Steil widerspricht/widerspräche den genannten Abmachungen.
4. Herr Rex kann/könne die Ergebnisse nicht akzeptieren.

Aufgabe IV

1. Frau Lehmann werde sich dafür nicht einsetzen.
2. Frau Kling äußert, alle Erwartungen seien stark übertroffen worden.
3. Herr Schneider schlägt eine Beteiligung aller Mitarbeiter vor.
4. Herr Wagner regt den Kauf des Areals an.

Aufgabe V

Redewiedergabe im Protokoll

Herr Stich begrüßt Frau Filz und weist darauf hin, daß er sie gebeten habe, das neue Programm über Geschenkartikel mitzubringen. Er wollte sich informieren, um dann zu ordern.

Frau Filz erklärt, daß sie noch eine Schreibmappe im Format A5 habe. Das Material sei feinstes Leder. Da die Mappe sehr handlich sei, werde sie gerne auf Reisen mitgenommen.

Herr Lutz sagt, es sei bereits darüber gesprochen worden sei, daß Frau Trick den Vorsitz übernehmen solle, da die auf der Tagesordnung stehenden Themen in ihren Arbeitsbereich fallen.

Frau Trick ruft den zweiten Tagesordnungspunkt auf und bittet Herrn Wenger, sein Problem zu erläutern.

Herr Carl erklärt, er habe seinem Team bereits den Auftrag erteilt, einen Entwurf für die Werbeschrift vorzulegen.

Herr Mumpitz bemerkt, daß sie bereits weitergekommen seien, und bittet, an den Messetermin in Leipzig zu denken.

Wie entsteht ein Protokoll?

Protokollführung darf man nicht dem Zufall überlassen, sie muß geplant sein. Auch die innere Vorbereitung des Protokollführers sollte gegeben sein. Sinnvoll ist es außerdem, den Protokollablauf in Gedanken durchzuspielen, Fehlern und Pannen vorzubeugen, Doppelarbeiten zu vermeiden und die verfügbare Zeit gut einzuteilen.

Die Protokollführung gliedert sich im allgemeinen in drei Phasen:

1. Phase: Arbeitsvorbereitung (vor der Sitzung)
2. Phase: Aufnahme (Aufnahmetechnik während der Sitzung)
3. Phase: Ausarbeitung (nach der Sitzung)

Die Vorbereitung der Protokollaufnahme

Das Gelingen eines Protokolls hängt wesentlich von der Vorbereitung ab. Je besser der PF für die Sitzung gewappnet ist, desto leichter fällt ihm die Konzentration auf die Sitzung und den Protokollinhalt.

Unabdingbare Voraussetzung ist die Kenntnis der Sprache und der Sache, des Teilnehmerkreises, der Vorschriften, der Geschäftsordnung (und eventuell vorangegangener Protokolle) sowie der Tagesordnung (der vorliegenden Anträge, der in der Tagesordnung aufgeführten Unterlagen u. ä.). Ist dem PF dabei etwas unklar, sollte er sich hierüber vor der Sitzung informieren. (Für schwierige Wörter anhand eines stenographischen Wörterbuches Kürzungen zurechtlegen.)

Anträge und Abstimmungsergebnisse

Auch der richtige Umgang mit Anträgen gehört zu den Aufgaben des Protokollführers. Man unterscheidet

– Sachanträge (sie beziehen sich auf die in der Tagesordnung angegebenen Themen)

– Anträge zur Geschäftsordnung (sie beziehen sich auf den Ablauf einer Sitzung).

Zu einem Tagesordnungspunkt kann vor der Sitzung und im allgemeinen schriftlich ein Antrag gestellt werden. Zu diesem Antrag kann ein Änderungsantrag (Ziel: Ergänzung, Erweiterung oder Einschränkung des Grundantrages) oder ein Gegenantrag (Ziel: völlig andere Problemlösung) gestellt werden. Über den Gegenantrag wird zuerst abgestimmt. Beispiel:

– **Antrag:** Installierung von zwei Kopiergeräten in Gebäude A
– **Änderungsantrag:** Installierung von drei Kopiergeräten
– **Gegenantrag:** keine Installierung von Kopiergeräten in Gebäude A, sondern Installierung von zwei weiteren Kopiergeräten in der Hausdruckerei

Abstimmungsfolge: Gegenantrag – Änderungsantrag – Grundantrag

Abstimmungsergebnisse sind bei Beschlüssen und Wahlen genau festzuhalten. Dabei müssen die in der Geschäftsordnung beziehungsweise in der Satzung festgelegten Mehrheiten beachtet werden.

Einfache Mehrheit liegt vor, wenn für einen Antrag mehr Stimmen abgegeben werden als gezählte Gegenstimmen.

Relative Mehrheit bedeutet, daß bei einer Abstimmung über mehr als einen Vorschlag derjenige als angenommen gilt, für den die meisten Stimmen gezählt werden.

Bei **absoluter Mehrheit** müssen für einen Antrag mehr als 50 Prozent der Stimmen aller Stimmberechtigten abgegeben werden. Achtung: Besteht das Gremium aus 110 Stimmberechtigten, wovon an der Abstimmung nur 80 teilnehmen, gilt ein Antrag dennoch als abgelehnt, wenn 48 Ja-Stimmen und 32 Nein-Stimmen abgegeben werden, weil zur Annahme 56 Stimmen erforderlich gewesen wären.

Qualifizierte Mehrheit erfordert, daß $^2/_3$ oder $^3/_4$ aller Stimmberechtigten einem Antrag zustimmen müssen. Diese Mehrheit wird im allgemeinen bei Verfassungsänderungen gefordert.

Die Feststellung »**mit großer Mehrheit**« bedeutet, daß auf ein Auszählen der Stimmen verzichtet wird, da das Abstimmungsergebnis eindeutig ist.

Einen Antrag »**einstimmig**« anzunehmen heißt, ihn ohne Gegenstimmen zu akzeptieren. »**Einmütig angenommen**« wird bei Entschließungen (Willens- oder Meinungsäußerungen) verwendet, die keinen Beschlußcharakter haben.

Checkliste: Die Protokollaufnahme richtig vorbereiten

Das brauchen Sie, um Protokolle sachgemäß aufnehmen zu können:

- Teilnehmerliste (Kurzzeichen festlegen, eventuell bei kleinem Teilnehmerkreis Aufstellschilder mit Namen. Bei großen Versammlungen stellen sich die Redner in der Regel mit Namen vor, oder sie erhalten – bei schriftlichen Wortmeldungen – vom Vorsitzenden unter Namensnennung das Wort.)
- Anwesenheitsliste, eventuell Sitzspiegel oder feste Sitzordnung (Plätze numerieren und Namen später nachtragen. Ihnen unbekannte Redner notfalls während der Aufnahme durch auffallendes Charakteristikum kennzeichnen, zum Beispiel rote Fliege, Sonnenbrille o. ä.)
- Kenntnis der Namen und Funktionen der Sitzungsteilnehmer
- Unterlagen für die Verhandlungsthemen
- Terminkalender
- Liste stenographischer Kürzungen für jeweils typische Protokollausdrücke (auswendig lernen)
- Abkürzungsverzeichnis für immer wiederkehrende, in der jeweiligen Branche übliche Fachwörter (auswendig lernen)
- Liste von Symbolen, zum Beispiel + (und), < (kleiner/weniger als), > (größer/mehr als)
- Schreibgerät, numerierte DIN-A4-Bogen, Bleistiftspitzer, Textmarker, Büroklammern, Haftnotizen, Tonträger (nach Absprache mit dem Vorsitzenden) und Vordrucke für Zahlen des Bandzählers
- Tischlautsprecher bei größeren Sitzungen

Wenn die Fachkenntnisse fehlen

Kennt der PF das Fach- oder Sachgebiet (noch) nicht, sollte er dennoch in der Lage sein, anhand eines umfangreichen Stenogramms ein gutes Protokoll zu erstellen. Wurden alle Kerninformationen der Sitzung erfaßt und bereits beim Zuhören und Stenographieren Wichtiges von Unwichtigem getrennt, verringert sich der Zeitaufwand der Protokollanfertigung.

Wer sich dennoch schwer tut, in schwierigen Situationen zum Erfolg zu kommen, kann folgende Technik verwenden: Er klärt im Vorfeld der Veranstaltung die wichtigsten Fragen und Probleme ab, mit denen er konfrontiert werden könnte. Zum Beispiel:

1. Um welches Fachgebiet handelt es sich?
2. Welche benachbarten Gebiete werden voraussichtlich angeschnitten?
3. Um welches Sachgebiet/um welchen Geschäftsfall handelt es sich?
4. Welche Fachausdrücke, Eigennamen, Produktbezeichnungen, Abkürzungen usw. können vorkommen und was bedeuten sie?
5. Mit welchen Positionen der Teilnehmer ist bei einer Diskussion zu rechnen?
6. Auf welche Vorkommnisse wird voraussichtlich Bezug genommen?
7. Wer sind die Sitzungsteilnehmer?
8. Welche Sachgebiete werden von den Sitzungsteilnehmern vertreten?
9. Welche Eigenheiten haben einzelne Sitzungsteilnehmer (Wer neigt zu Übertreibungen? Wer pflegt den gleichen Tatbestand mehrmals in anderen Worten zu wiederholen?)

Hilfsmittel bei der Vorbereitung

- Beschreibungen des Fachgebietes oder entsprechende Nachschlagwerke
- Unterlagen zur Tagesordnung
- Einladung zur Sitzung
- Informationsgespräch mit einem Redner vor der Sitzung

Der Protokollführer sollte ferner daran denken, daß sich die in einem Protokoll festzuhaltenden Sprechakte stets wiederholen. Jemand stellt einen Antrag, ein Teilnehmer fordert eine Diskussion, ein anderer äußert Zweifel usw. Der PF sollte sich deshalb auf die Art von Erklärungen beziehungsweise von Äußerungen konzentrieren, die er von den Sitzungsteilnehmern erwarten kann. In der Regel geht es in einer Sitzung beispielsweise um:

Ablehnungen	Beweise	Prüfungen
Abstimmungen	Bitten	Punkte
Änderungen	Diskussionen	Stellungnahme
Annahme	Durchführungen	Termine
Anträge	Entgegnungen	Unternehmen
Antworten	Ergebnisse	Untersuchungen
Appelle	Erwartungen	Vereinbarungen
Ausführungen	Feststellungen	Versprechungen
Ausschüsse	Forderungen	Vorschläge
Bedenken	Fragen	Wahlen
Begründungen	Informationen	Widersprüche
Behauptungen	Lösungen	Zusammenfassungen
Beschlüsse	Meinungen	Zustimmungen
Bestimmungen	Mitteilungen	Zweifel

Die Aufnahme des Protokolls

Professionelles Protokollieren setzt eine überlegte Aufnahmetechnik voraus: Wer grundsätzlich alles mitzuschreiben versucht, kann sich nicht ausreichend auf den behandelten Stoff konzentrieren und verliert leicht die Übersicht. Zudem ermüdet er rasch. Entsprechende Protokolle sind im ersten Teil häufig zu ausführlich, im zweiten zu knapp und deshalb mitunter sachlich unausgewogen oder schlicht falsch. Wer wenig notiert, kann sich zwar gut auf den Diskussionsverlauf konzentrieren, braucht aber ein überdurchschnittliches Gedächtnis, um sich trotz knapper Aufzeichnungen nach der Sitzung alles Wichtige zu vergegenwärtigen. Wer versucht, den Wortlaut der Diskussion mitzuschreiben, wird scheitern, weil ihm der rote Faden, der sich durch eine Diskussion zieht, aus der Hand gleitet. Der PF, der professionell an die Protokollführung herangeht, wird bei der

Protokollarbeit mitdenken und nur das Wesentliche stichwortartig mitschreiben – und beides in einem ausgewogenen Verhältnis tun. Es hängt jedoch immer von der Art des anzufertigenden Protokolls ab, was als wesentlich oder unwesentlich zu behandeln ist:

- Beim Ergebnisprotokoll werden nur die Ergebnisse notiert,
- beim Kurzprotokoll werden Sie etwas mehr mitschreiben müssen, weil zu begründen ist, wie die Ergebnisse zustande kamen,
- beim ausführlichen Protokoll sind auch die Redebeiträge – auf das Wesentliche beschränkt – aufzuführen.

Das müssen Sie beachten

Vor Sitzungsbeginn:

- Wählen Sie einen Platz, von dem aus Sie alle Teilnehmer gut sehen können – möglichst in der Nähe des Vorsitzenden, so daß sie während der Sitzung rückfragen oder Zweifel klären können, aber auch, um ihn auf formelle Versehen aufmerksam zu machen, zum Beispiel, wenn übersehen wurde, einen Beschluß zu fassen.

- Sorgen Sie für genügend Platz und Ablagefläche.

- Haken Sie die Anwesenden auf der Teilnehmerliste ab, notieren Sie bei Abwesenheit den jeweiligen Namen und die angegebene Entschuldigung.

Während der Sitzung:

- Gestalten Sie Ihre Notizen übersichtlich.
- Beginnen Sie bei jedem Tagesordnungspunkt mit einem neuen Blatt.
- Beginnen Sie bei jedem Redebeitrag mit einer neuen Zeile und dem Kurzzeichen des Redners.
- Vermerken Sie das treffende Sprechverb zur Einleitung des Redebeitrages (siehe Seite 43) auf der rechten Seitenhälfte.
- Beschreiben Sie das in drei Spalten geteilte Stenogrammpapier (möglichst DIN-A4-Bogen; eventuell im Querformat) nur einseitig in den Spalten 1 und 2. Wenn Sie die rechte Spalte für Anmer-

kungen, Korrekturen und für die Ausarbeitung des Protokoll-entwurfs reservieren, haben Sie jederzeit die Möglichkeit zu prü-fen, ob Sie etwas Wichtiges übersehen haben (siehe Muster).

- Notieren Sie in Stichworten, was wesentlich ist, wichtig er-scheint oder Bedeutung erlangen könnte (Mehr zuhören und mit-denken!)

- Markieren Sie besonders wichtige Ausführungen eines Redners, zum Beispiel Zusammenfassungen (»Ich fasse zusammen:...«).

- Lassen Sie all jene Ausführungen weg, mit denen ein Redner Zeit zu gewinnen versucht: Anreden, Witze, Füllwörter, Dank, Wie-derholungen oder Überleitungssätze.

- Kürzen und gliedern Sie bereits während der Aufnahme, und kennzeichnen Sie Wichtiges.

Muster eines Protokollaufnahmeblattes

Sitzung:...   Seite...

Datum...

Tagesordnungs-punkt (TOP)	Stenogramm	Ausarbeitung
In dieser Spalte vermerken Sie die wichtigen Angaben: TOP-Nummern (evtl. einkreisen) Rednername B = Beschlüsse A = Anträge T = Termine Auch unklare Bezeichnungen, Formulierungen, Namen u. ä.	In dieser Spalte machen Sie Ihre Stenogramm-notizen	In dieser Spalte vermerken: Kurzinformatio-nen (zusammen-fassen, streichen, kürzen), redeeinleitende Verben

▓ Notieren Sie in Stichworten, was wesentlich ist, wichtig erscheint oder Bedeutung erlangen könnte. (Mehr zuhören und mitdenken!)

▓ Markieren Sie besonders wichtige Ausführungen eines Redners, zum Beispiel Zusammenfassungen (»Ich fasse zusammen: ... «).

▓ Lassen Sie all jene Ausführungen weg, mit denen ein Redner Zeit zu gewinnen versucht: Anreden, Witze, Füllwörter, Dank, Wiederholungen oder Überleitungssätze.

▓ Kürzen und gliedern Sie bereits während der Aufnahme, und kennzeichnen Sie Wichtiges.

▓ Streichen Sie solche Passagen, die sich im Laufe der Diskussion als unwesentlich herausstellen.

▓ Wenn ein Redner seine Argumente numeriert, übernehmen Sie diese Numerierung. Gliedert ein anderer seinen Beitrag deutlich, aber ohne Numerierung, numerieren Sie die einzelnen Gedanken.

▓ Notieren Sie Anträge und Ergebnisse/Beschlüsse wörtlich. Eventuell während der Besprechung wiederholen oder diktieren lassen.

▓ Bei Abstimmungen ist die Mehrheitsbildung aufzuführen.

▓ Heben Sie Beschlüsse/Ergebnisse eventuell durch Numerierung oder Farbmarkierung in Ihrem Stenogramm hervor.

▓ Unklarheiten bei Beschlüssen/Ergebnissen möglichst sofort klären und am Rand in einer bestimmten Farbe markieren.

▓ Halten Sie für auftauchende Fragen ein besonderes Blatt bereit (Haftnotizen). Notieren Sie darauf alle Unklarheiten, die während einer Diskussion zwischen den Rednern auftauchen. Klären Sie die notierten Probleme auf alle Fälle nach der Sitzung – also vor der Niederschrift.

▓ Achten Sie auf Termine.

▓ Richten Sie sich im Umfang der notierten Redebeiträge nach der Protokollart.

▓ Lassen Sie sich von einem Sachverständigen die nicht ganz verstandenen technischen Punkte erklären.

▓ Achten Sie auf Referate und Grundsatzerklärungen. Ist die wörtliche Wiedergabe eines bestimmten Textes erforderlich, bitten Sie den entsprechenden Redner um Kopie dieses Textes, oder legen Sie ihm Ihre Niederschrift zur Bestätigung vor.

Überblick: Protokoll-Aufnahmetechnik

Arbeitsschritte	Ausführliches Protokoll	Kurzprotokoll	Ergebnisprotokoll
Halbseitig protokollieren	··········	··········	▶
Tagesordnungspunkte und Ergebnisse kennzeichnen	··········	··········	▶
Wesentliches mitschreiben	··········	▶	
Streichen und Zusammenfassen	··········	▶	
Rednernamen festlegen	▶		
Redeeinleitendes Verb festlegen	▶		
Unterlagen ordnen und kennzeichnen (Verschaffen Sie sich einen Überblick über die Unterlagen, die Sie zur Anfertigung des Protokolls beziehungsweise als Anlage zum Protokoll während der Sitzung erhalten.)	··········	··········	▶
Unklarheiten klären (Klären Sie Fragen schon während der Sitzung, ohne dadurch den Diskussionsverlauf zu stören.)	··········	··········	▶
Pausen nutzen (Verschaffen Sie sich während der Pausen einen Überblick über Ihre Aufzeichnungen. Sie können ergänzen, streichen, zusammenfassen!)	··········	··········	▶

Die Ausarbeitung

Planen Sie bereits vor der Sitzung genügend Zeit für die Ausarbeitung des Protokolls ein (bei einer einstündigen Sitzung für ein
Verlaufsprotokoll ca. 4 bis 6 Stunden). Legen Sie Ihre Aufzeichnungen nicht zur Seite, weil Sie erleichtert sind, die Sitzung über-
standen zu haben. Erleichtert können Sie sich erst fühlen, wenn das
Protokoll in Reinschrift vorliegt. Sie sparen Zeit und Mühe, wenn
Sie bei der Niederschrift systematisch vorgehen. Insbesondere für
die Formulierung eines Verlaufsprotokolls gehört auch eine gute
optische Aufbereitung des Stenogramms. Bereiten Sie also Ihr Stenogramm unmittelbar nach der Sitzung auf! Arbeiten Sie mit verschiedenen Farbstiften. Sofern Sie dies nicht bereits während der Sitzung
getan haben, trennen Sie Grundsatzäußerungen von Erläuterungen, Thesen und Argumente von Schlußfolgerungen usw.

Bevor Sie sich an die Ausarbeitung des Protokolls setzen, streichen
Sie alles beim Durchgehen Ihres Stenogramms, was nicht in ein
Protokoll gehört. Streichen Sie jedoch nichts, was für den Sitzungs-
verlauf beziehungsweise für die Ergebnisse Konsequenzen hat.

Das hat nichts im Protokoll verloren

- Begrüßungen, Schlußwort und Danksagung
- Nichtssagende Einleitungen
- Unbewiesene Behauptungen
- Widerrufene Aussagen
- Emotional gefärbte Äuße-rungen
- Nebensächliche Beispiele

- Unsachliche Bemerkungen
- Abschweifende Äuße-rungen
- Beifalls- undMißfallens-äußerungen
- Persönliche Angriffe
- Vertrauliches
- Killerphrasen

Wenn Aussage und Bedeutung unterschiedlich sind

In einer Besprechung sagt Herr Dr. Adler mit zornigem Gesicht und erregter Stimme: »Herr Loup, diesen Auftrag haben Sie wieder ganz großartig erledigt.«

Die Aussage ist, wenn sie wörtlich wiedergegeben wird, als Lob zu verstehen, doch Mimik und Stimme des Redners drücken das Gegenteil aus. Damit die Rüge – und darum handelt es sich ja – als solche zu Protokoll gebracht wird, muß der Protokollführer die eigentliche Absicht des Redners wiedergeben. Dafür gibt es folgende Möglichkeiten:

1. *Dr. Adler erklärt, Herr Loup habe auch diesen Auftrag wieder unrichtig erledigt.*

2. *Dr. Adler ist der Ansicht, die Erledigung des Auftrages durch Herrn Loup sei unrichtig gewesen.*

3. *Dr. Adler kritisiert die Erledigungsweise des letzten Auftrages durch Herrn Loup.*

4. *Dr. Adler glaubt, Herr Loup hätte diesen Auftrag auch auf andere Weise erledigen können.*

Auf den ersten Blick meint man, die erste Formulierung sei zutreffend. Wenn aber im weiteren Verlauf der Sitzung festgestellt wird, daß sich Herr Dr. Adler mit seiner Kritik geirrt hat und wenn sich die beiden Partner versöhnt haben, ist es wahrscheinlich passender, eine Formulierung wie beim dritten Beispiel mit dem Zusatz »zunächst« zu wählen oder die Bemerkung ganz zu streichen, da sich die Kritik als Irrtum herausgestellt hat.

Darauf müssen Sie achten

Nach der Sitzung:
- Formulieren Sie das Protokoll möglichst kurz nach der Sitzung, denn dann sind sämtliche Eindrücke noch frisch.
- Lesen Sie zur Übersicht zuerst alles Notierte.
- Kreisen Sie im Text unklare Begriffe oder Aussagen ein.

- Sofern nicht während der Sitzung geschehen: Heben Sie Wesentliches hervor. Streichen Sie alles Unwesentliche.
- Ziehen Sie aus dem Text die Kerninformationen (wesentliche Thesen, Argumente, Entgegnungen, Einwände) heraus.
- Notieren Sie die Kerninformationen auf dem frei gelassenen Raum neben Ihrem Stenogramm, so daß der Verhandlungsverlauf klar gegliedert erkennbar wird.
- Überlegen Sie, wie Sie Ihr Protokoll gliedern wollen:
  - nach einzelnen Tagesordnungspunkten oder
  - nach sachlichen Gesichtspunkten.

  Die einzelnen Tagesordnungspunkte ergeben die Gliederung im großen. Innerhalb dieser Teile können Sie nun – unabhängig vom Diskussionsverlauf – nach sachlichen Gesichtspunkten gliedern. Die Entscheidung hierüber wird abhängig sein von der Art der Sitzung und von der vorgesehenen Protokollart.
- Neue Gesichtspunkte verlangen einen Absatz.
- Legen Sie die redeeinleitenden Verben fest.
- Entwerfen Sie den Protokollwortlaut auf einem neuen Blatt.
- Lesen Sie Ihren Protokollentwurf, nehmen Sie sprachliche Korrekturen vor und prüfen Sie ihn auf Vollständigkeit.
- Beachten Sie die Angaben für den Protokollrahmen.
- Überlegen Sie, wieviele Exemplare Sie benötigen – vielleicht sollen nicht nur die Teilnehmer, sondern auch andere interessierte Personen das Protokoll erhalten. Erstellen Sie einen Verteiler.
- Schreiben Sie danach eine Reinschrift des Entwurfs (in der endgültigen Gestaltung des Protokolls) – möglichst mit breitem Rand für inhaltliche und sprachliche Verbesserungen sowie andere Korrekturen.
- Den Entwurf können Sie eventuell mit dem Vorsitzenden noch einmal durchgehen, um Unklarheiten richtigzustellen.
- Prüfen Sie den Entwurf inhaltlich auf Vollständigkeit.
- Je nach Anlaß und Vereinbarung muß der Entwurf den Sitzungsteilnehmern zur Genehmigung, Korrektur und Ergänzung vorgelegt werden.
- Werten Sie das Protokoll erst aus, nachdem es genehmigt worden ist. Dazu gehört folgendes:
- Protokollauszüge an zuständige Stellen weiterleiten, Aufträge terminieren, wichtige Textstellen für jeden Teilnehmer markieren.

- Protokollarchiv führen.
- Beschlüsse numerieren, Seiten heften, klammern oder binden.
- Termine kontrollieren, Beschlüsse überwachen, Ergebnisse weiterleiten.
- Schwierigkeiten bei der Protokollführung notieren und entsprechende Gegenmaßnahmen planen.
- Checkliste für Termine aufstellen.

Das endgültige Protokoll sollten Sie spätestens eine Woche nach der Sitzung unterschrieben an die Teilnehmer beziehungsweise Verteiler verschicken. Die endgültige Fassung des Protokolls muß einen Vermerk über die Rechtsgültigkeit enthalten (siehe Seite 90).

Die Wiedergabe von Anträgen

Beispiele:

- Auszug aus einem Ergebnisprotokoll
  Der Antrag der Fraktion der XYZ – Drucksache 5/725 – wird an den Ausschuß für ... federführend, an den Ausschuß für ... und an den Ausschuß für ... mitberatend überwiesen.

- Auszug aus einem Kurzprotokoll
  Nach kurzer Beratung des am ... gestellten Antrags der Werksangehörigen N. N., N. N. und N. N. wird beschlossen: ...

- Auszug aus einem ausführlichen Protokoll
  Herr Schneck läßt nach einstimmiger Zustimmung der Versammlung offen über den Antrag der süddeutschen Landesgruppe im Gesamtverband Deutscher Taubenzüchter abstimmen. Der Antrag lautet: Die Reisekosten sollen künftig halbjährlich abgerechnet werden. Ergebnis: Mit 65 Stimmen bei 1 Gegenstimme und 4 Enthaltungen wird der Antrag angenommen.

Die Wiedergabe von Beschlüssen

Beschlüsse können zur Hervorhebung numeriert oder unterstrichen werden. Soll ein Beschluß besonders hervorgehoben werden, kennzeichnet man ihn durch einen senkrechten Strich. Die innerhalb

eines Protokolls für Beschlüsse gewählte Art der Hervorhebung sollte nicht noch für die anderen Hervorhebungen verwendet werden.
Die Art der Angabe von Beschlüssen ändert sich mit der Anzahl der
Teilnehmer und der Zusammensetzung der Gruppe; auch bestehen
je nach Art des Unternehmens Richtlinien, wie Beschlüsse zu beur-
kunden sind.

Beispiele der Wiedergabe von Beschlüssen:

— *Der Vorschlag der Geschäftsleitung wird mehrheitlich angenommen.*
— *Beschluß 6. Die auf 10.30 Uhr festgelegte Besprechung wird auf
   11.00 bis 11.20 Uhr verlegt.*
— *Die Versammlung beschließt einstimmig und ohne Enthaltung:* Die
   auf 10.30 Uhr festgelegte Besprechung wird auf 11.00 bis 11.20 Uhr
   verlegt.
— *Beschluß 6: Die auf 10.30 Uhr festgelegte Besprechung wird auf
   11.00 bis 11.20 Uhr verlegt. Abstimmungsergebnis: 20 Ja-Stimmen,
   10 Nein-Stimmen. Der Vorschlag ist angenommen.*

Übungsteil B

I. **Teilen Sie ein DIN-A4-Blatt in zwei Spalten. Lesen Sie den folgenden Sitzungsausschnitt durch, und notieren Sie dabei in der linken Spalte die Kerninformationen. Legen Sie danach in der rechten Spalte das redeeinleitende Verb fest.**

Meine Damen und Herren, wie Sie wissen und in der Praxis immer wieder feststellen können, beschäftigen wir in der letzten Zeit immer mehr Aushilfskräfte.

In den letzten Monaten hat dies dazu geführt, daß Aushilfskräfte einen beträchtlichen Teil der laufenden Arbeiten verrichten. Das hat zur Voraussetzung, daß wir die neuen Aushilfskräfte in die Arbeiten zunächst einweisen müssen, wir müssen sie anlernen, und zwar für einen jeweils kurzen Zeitraum. A la longue ist dieses Procedere für den Betrieb unrentabel und führt zu massiven Störungen. Ich fordere Sie deshalb auf, einmal zu überlegen, wie wir unseren festen Personalstamm aufstocken können.

Natürlich haben Sie sich darüber auch schon Gedanken gemacht. Ich erwarte deshalb Ihre Meinung zu dem Thema. Bitte, Herr Glinzig. Wir hören.

II. **Teilen Sie ein DIN-A4-Blatt in zwei Spalten. Lesen Sie den folgenden Sitzungsausschnitt durch, und notieren Sie dabei in der linken Spalte die Kerninformationen. Formulieren Sie in der rechten Spalte einen Entwurf für ein ausführliches Protokoll.**

Herr Knaack: »Die XYZ-Versicherungs AG schreibt uns, daß ihre Agentur hier zum ... aufgelöst wird. Problem ist, daß der Mietvertrag für die Räume in der Heinrich-Heine-Allee auf mehrere Jahre lautet. Deshalb sucht die XYZ-Versicherungs AG einen Nachmieter. Das ist für uns natürlich die Gelegenheit, Räume ganz in der Nähe unserer Generaldirektion anzumieten – Räume, die wir ja seit langem benötigen und vergeblich gesucht haben.

Die Räume haben insgesamt eine Fläche von 800 m². Günstig

ist, daß sie bisher von einem Großraumbüro abgedeckt waren. Das bedeutet: Wir sind in der Raumaufteilung beziehungsweise -gestaltung vollkommen unabhängig.

Freilich müssen wir überlegen, welche Abteilungen in diese neuen Räume ziehen sollten. Es sollte sich um die Abteilungen handeln, die ohne weitere Probleme eine Ausquartierung vertragen. Der Betriebsablauf darf also auf gar keinen Fall in Mitleidenschaft gezogen werden. Zunächst sollten wir feststellen, welche Abteilungen besonders dringend mehr Raum benötigen.«

Frau Jülich: »Ich denke, da steht der Schreibdienst ganz oben auf der Liste. Die Schreibdiensträume sind total überbelegt – bis zu drei Schreibautomaten beziehungsweise PCs auf 10 m². Zudem ist der Schreibdienst auf mehrere Räume verteilt. Man kann also kaum noch von einer Schreibzentrale reden. Allerdings sollten wir mit 350 m² auskommen, selbst wenn man etwas Reserve schafft und Neben- und Sozialräume kalkuliert. Es wäre ja endlich einmal an der Zeit, auch daran zu denken. Vielleicht gelingt es uns auch, bei großzügigen Räumlichkeiten gute Kräfte zu engagieren und zu halten.«

III. Wie würden Sie die folgenden Redebeiträge in einem ausführlichen Protokoll wiedergeben?

1. Frau Javoda: »Die Schreibzentrale können wir ja auf 400 m² unterbringen.«

2. Herr Just: »Eigentlich könnte man doch den Rabatt im Rahmen eines direkten Sonderverkaufs an den Kunden weitergeben. Als Slogan wäre denkbar: ›Seidenbettwäsche zum günstigen Preis‹.«

3. Herr Fitze: »Dem Antrag von Herrn Gruner, die Produktionspalette so schnell wie möglich zu erweitern, liegen folgende Überlegungen zugrunde… Ohne eine Erweiterung des Sortiments können wir, meine Damen und Herren, die Nachfrage längerfristig nicht mehr zufriedenstellen.«

4. Herr Wieland: »Ich darf doch bitten, Herr Schmidtke, Sie wollen offensichtlich mit Ihrer Bemerkung die Teilnehmer provozieren. Dabei verlassen Sie aber den Boden der Tatsachen.«

5. Herr Stich: »Es ist davon auszugehen, daß der Gesetzgeber in diesem Zusammenhang an eine vertrauensvolle Zusammenarbeit zwischen Unternehmensleitung und Betriebsrat glaubt.«

6. Frau Blum: »Nach Ihren Ausführungen, Frau Schnabel, möchte ich doch den § 102 BetrVG in Erinnerung rufen. Darin steht doch ganz klar und deutlich, daß der Betriebsrat in einem Fall wie dem geschilderten zu jeder einzelnen Kündigung herangezogen werden müsse.«

7. Herr Jäger: »Die zentrale Aufstellung eines Kopierautomaten ist doch die optimale Lösung, vor allem werden dadurch die Wegezeiten erheblich verringert.«

8. Frau Ring: »Diese neuen Kopierautomaten kopieren ja wirklich schnell, aber leider nur bei Mehrfachkopien!«

Die Lösungen

Aufgabe I

Kerninformationen	Redeeinleitendes Verb
Beschäftigung von immer mehr Aushilfskräften. Führen einen beträchtlichen Teil der Arbeiten aus. Ständiges Anlernen für kurze Dauer – unrentabel. Wie kann Personalstamm vergrößert werden?	Herr... stellt fest/trägt vor/ weist darauf hin...

Aufgabe II

Kerninformationen	Protokollentwurf
XYZ-Versicherungs AG gibt zum ... Büroräume in der Heinrich-Heine-Allee auf.	Herr Knaack berichtet, daß die XYZ-Versicherungs AG ihre Büroräume in der Heinrich Heine-Allee zum ... aufgibt und einen Nachmieter für 800 m² sucht.
Sucht Nachmieter.	Das bisherige Großraumbüro biete optimale Gestaltungsmög lichkeiten für neue Büros. Man müsse prüfen, welche Abteilungen akut an Raummangel leiden und für eine »Auslagerung« zur Diskussion stehen.
Großraumbüro (800 m²) bietet optimale Gestaltungsmöglichkeiten.	
Welche Abteilungen haben dringenden Raumbedarf und sollten umziehen?	
Schreibdienst ist überbelegt. Verteilt auf mehrere Räume. Keine Zentrale mehr.	Frau Jülich hebt die desolaten Raumverhältnisse der Schreibzentrale her vor. Man könne sie auf 350 m² eineinschließlich Sozialräume o. ä. – unterbringen. Eine Verbesserung der Arbeits plätze sei eine Möglichkeit, gute Arbeitskräfte längerfristig zu bin den.
Bedarf 350 m² mit Nebenräumen.	
Wichtig: Gute Kräfte kaum zu halten bei schlechten Raumverhältnissen.	

Aufgabe III

1. Frau Javoda schlägt vor, die Schreibzentrale auf 400 m² unterzubringen.
2. Herr Just regt an, im Rahmen eines direkten Sonderverkaufs mit dem

Slogan »Seidenbettwäsche zum günstigen Preis« einen Teil des Rabatts an den Kunden weiterzugeben.

3. Herr Fitze begründet den Antrag von Herrn Gruner auf Erweiterung der Produktionspalette. Die Nachfrage könne nur befriedigt werden, wenn das Sortiment erweitert werde.

4. Herr Wieland bemerkt dazu, diese Äußerung sei eine Provokation und entspreche nicht im geringsten den Tatsachen.

5. Herr Stich fügt hinzu, der Gesetzesgeber gehe von einer vertrauensvollen
Zusammenarbeit zwischen der Unternehmensleitung und dem Betriebsrat aus.

6. Frau Blum erinnert daraufhin an den § 102 BetrVG, nach dem der Betriebsrat auch in diesem Falle zu jeder einzelnen Kündigung gehört werden müsse.

7. Herr Jäger plädiert für die zentrale Aufstellung eines Kopierautomaten zur Verringerung der Wegezeiten.

8. Frau Ring konstatiert die beachtliche Kopiergeschwindigkeit. Dieser Vorteil sei jedoch nur bei Mehrfachkopien gegeben.

Die äußere Gestaltung

Für Protokolle gibt es keine Normvorschriften wie für Briefe. Jedoch sollten bei der Gestaltung die in der DIN 5008 (Regeln für Maschinenschreiben) festgelegten Schreib- und Anordnungsregeln sinngemäß beachtet werden (siehe Seite 81). Eine Hilfe für die Gestaltung eines Protokolls ist die Orientierung an einem Schema. Das in diesem Ratgeber verwendete Schema kann je nach Bedarf abgeändert werden. Protokolle sollten in jedem Falle klar aufgebaut beziehungsweise übersichtlich gestaltet sein. Ein Protokoll besteht aus *Kopf, Hauptteil* und *Schluß*.

»Kopf« und »Schluß« eines Protokolls werden als *Protokollrahmen* bezeichnet. Dieser Rahmen ist für alle Protokollarten im wesentlichen gleich. Aus dem Protokollrahmen muß hervorgehen:

WAS wurde behandelt?
WANN wurde verhandelt?
WO wurde verhandelt?
WER waren Veranstalter und Teilnehmer?

Das WIE ist Gegenstand des Hauptteils, also des Textes, der von Kopf und Schluß des Protokolls gerahmt wird.

Der Protokollkopf

Er enthält:
- Name des Veranstalters (Firma, Behörde, Verein, Organisation, Gremium oder Gruppe),
  Überschrift,
- Angabe über Art oder Anlaß der Veranstaltung (Vorstandssitzung, Ausschußsitzung, Betriebsratsversammlung, Vertragsabschluß, Mitgliederversammlung), auch Art des Problems,
- Namen der Funktionäre (Vorsitzender, Geschäftsführer, Protokollführer, Dolmetscher usw.) und der übrigen Teilnehmer (Anwesende, Entschuldigte, Unentschuldigte, zeitweise Anwesende, Gäste),
- Daten (Ort, Datum, Uhrzeit),
- Sitzungsgegenstand (Thema/Tagesordnung).

Die Reihenfolge der einzelnen Punkte des Protokollkopfs ist nicht vorgeschrieben.

Der Name des Veranstalters einer Sitzung steht links oben auf Seite 1 des Protokolls. Sie können einen Geschäftsbogen mit dem Namen des Veranstalters verwenden, oder Sie schreiben ihn mit der Maschine auf einen weißen Briefbogen.

Die Überschrift »Protokoll« kann durch Sperrung oder andere Gestaltungsmittel hervorgehoben werden. Die Bezeichnung der Protokollart, zum Beispiel Kurzprotokoll oder Ergebnisprotokoll, ist als Überschrift ebenfalls möglich. Die Protokollnummer muß angegeben werden, sofern es sich um das Protokoll einer Serie handelt.

Beispiele zur Protokollüberschrift

a) P r o t o k o l l
über
die 8. Sitzung der baden-württembergischen Fremdenverkehrsvereine

b) PROTOKOLL
über die Mitarbeiterbesprechung der Abteilung Verkauf

c) Protokoll Nr. 19/..
Besprechung über den Verkauf des Geländes Lustnauer Platz der Beringer GmbH

Die **Teilnehmer** und der **Protokollführer** (oder auch mehrere Protokollführer bei längeren Sitzungen) werden namentlich aufgeführt. Der **Vorsitzende** steht an erster Stelle der Auflistung. Er kann den Sitzungsvorsitz an eine andere Persönlichkeit übertragen (»Vorsitzer«). Auf die namentliche Nennung des Vorsitzenden sowie des Protokollführers kann im Kopf verzichtet werden, denn deren Namen werden ohnehin am Schluß des Protokolls aufgeführt. Bei mehr als acht Sitzungsteilnehmern wird auf die dem Protokoll beigefügte Teilnehmerliste verwiesen. Diese Liste sollte gegebenenfalls vor der Sitzung vorliegen, damit sie von den Teilnehmern nur noch abgezeichnet werden muß. Die Aufzählung der Namen kann erfolgen:

- alphabetisch (mit oder ohne Trennung von Herren und Damen),
- nach Rangfolge oder Abteilungen geordnet und in sich alphabetisch,
- getrennt nach anwesenden und nicht anwesenden Personen.

Insbesondere bei internen Sitzungen der Führungsspitzen werden nach dem Vorsitzenden die nächstwichtigen Personen in der Hierarchie aufgeführt, zum Beispiel Abteilungsdirektor vor Abteilungsleiter, Abteilungsleiter vor Gruppenleiter usw. Sind mehrere Teilnehmer mit der gleichen Funktion vertreten, also beispielsweise vier Gruppenleiter, wählt man die alphabetische Reihenfolge. Bei Besprechungen mit vorbestimmter Teilnehmergruppe werden die nicht anwesenden Teilnehmer ebenfalls aufgeführt, und zwar unterteilt in:

Entschuldigte Teilnehmer: ...
Unentschuldigte Teilnehmer: ...

Man kann die jeweiligen Personen auch namentlich an das Ende der Teilnehmerliste setzen und »entschuldigt« beziehungsweise »unentschuldigt« in Klammern hinter den Namen setzen. Ebenfalls in Klammern hinter dem Namen kann die zeitweilige Teilnahme von Personen vermerkt werden, zum Beispiel *Frau Schlemihl (bis Punkt 2 der Tagesordnung)*. Wichtig: Nur entschuldigt Fehlende können gegen gefaßte Beschlüsse Einspruch erheben! Bei einer Besprechung mit sehr vielen Teilnehmern, die sich nicht persönlich kennen, sollte die **Position** des einzelnen im Unternehmen hinzugefügt werden:

Frau Renate Strumpf, **Leiterin des Finanzwesens**
Herr Dr. oec. Wilfried Doman, **Abteilungsdirektor**
Herr Bernd Völklein, **Marketing-Manager**

Wenn ausdrücklich darauf hingewiesen werden soll, **aus welchem Bereich** der entsprechende Sitzungsteilnehmer kommt, sollte ein akademischer Abschluß wie »Dipl.-Kfm.«, »Dipl.-Ing.« o. ä. aufgeführt werden. Im öffentlichen Dienst wird häufig die Amtsbezeichnung dem Namen vorangestellt. Das ist bestenfalls dann angezeigt, wenn es sich um den Vertreter eines hohen Amtes handelt.

Wenn Sie zum erstenmal eine Teilnehmerliste erstellen, sehen Sie früher angefertigte Protokolle gleicher Art durch, und achten Sie darauf, wer wie bezeichnet wurde. Fragen Sie im Zweifelsfall den Vorsitzenden, seinen Referenten oder Assistenten oder einen anderen kundigen Mitarbeiter, wer die neuen Teilnehmer sind oder ob sich die Position eines Mitarbeiters verändert hat.

Ferner sind das **Tagesdatum** sowie **Beginn** und **Ende der Sitzung** festzuhalten. Am übersichtlichsten ist die Angabe der Sitzungsdauer im Protokollkopf (Dauer: 10.15 – 10.45 Uhr). Auch Sitzungsunterbrechungen müssen Sie verzeichnen.

Den **Ort der Besprechung** sowie Straße, Gebäude, Stockwerk, Raumnummer müssen Sie angegeben, wenn sich dieser außerhalb des ständigen Sitzes des jeweiligen Veranstalters befindet. Bei Besprechungen im Unternehmen wird lediglich der Raum innerhalb des Unternehmens angegeben.

Die **Tagesordnung** entspricht der, die den Beteiligten mit der Einladung zugegangen ist. Ist nur ein einziger Punkt Sitzungsgegenstand, kann man auch von »Thema« sprechen. Bei Behandlung mehrerer Punkte liegt eine Tagesordnung vor. Anhand der Tagesordnung haben die Teilnehmer die Möglichkeit, sich vor der Besprechung zu informieren und vorzubereiten. Selbst bei routinemäßig abgehaltenen Mitarbeiter- oder Abteilungsleiterbesprechungen ist es wichtig, die zu behandelnden Punkte vorher festzulegen.

Wird die Tagesordnung erst zu Beginn der Sitzung festgelegt – was bei regelmäßig tagenden kleinen Gremien oft der Fall ist –, muß sie zu Beginn der Sitzung von allen Teilnehmern genehmigt werden. Satzung oder Geschäftsordnung können dieses Verfahren jedoch ausschließen. Werden keine Einwendungen gegen die vorgelegte Tagesordnung erhoben, gilt sie als genehmigt. Wird die vor der Sitzung aufgestellte Tagesordnung auf Antrag geändert, so muß diese Änderung am Anfang des Protokolls vermerkt werden. Im Protokoll wird dann die geänderte Tagesordnung im Protokollkopf vermerkt. Nur in Ausnahmefällen werden beide Tagesordnungen unter »Vorgesehene Tagesordnung« und »Beschlossene Tagesordnung« ins Protokoll aufgenommen. Wird ein Tagesordnungspunkt nicht behandelt, wird das im Hauptteil des Protokolls bei dem betreffenden Tagesordnungspunkt vermerkt.

Bei einem Protokoll mit geringem Umfang, zum Beispiel bei einem Ergebnisprotokoll, können Sie auf die Auflistung der Tagesordnungspunkte im Protokollkopf verzichten. In diesem Falle sollten die einzelnen Punkte als Überschriften im Hauptteil deutlich erkennbar sein.

Der Hauptteil des Protokolls

Dieser richtet sich nach der Protokollart und kann enthalten:

- Tagesordnungspunkte oder Thema,
- Namen der Redner,
- Beiträge (nach Rednern geordnet),
- Sitzungsverlauf,
- Ergebnisse (Beschlüsse, Termine, Anträge usw.).

Der Hauptteil wird durch Absätze gegliedert. Die Gliederung ergibt sich zum einen durch die einzelnen **Tagesordnungspunkte** und zum anderen durch Absätze, die innerhalb eines Tagesordnungspunktes notwendig werden. Ein neuer Tagesordnungspunkt kann mit der Wiederholung der bereits im Protokollkopf aufgeführten Überschrift beginnen. Manchmal wird die Abkürzung TOP für »Tagesordnungspunkt« verwendet. Es heißt dann: »TOP 1 ... « oder »zu TOP 1« usw. bei Beginn eines neuen Tagesordnungspunktes im Hauptteil ohne genaue Angabe der Überschrift. Nachteil dieser Methode: Um sich den jeweiligen Tagesordnungspunkt in Erinnerung zu rufen, muß der Leser jedesmal zum Protokollkopf zurückkehren.

Beim ausführlichen Protokoll erscheint vor dem Beitrag der einzelnen Redner der jeweilige **Name**. Sie beginnen damit auf der 1. Fluchtlinie und schreiben den Text auf die 2. Fluchtlinie (Grad 30):

	(Grad 30)
Frau Mauser	*bedankt sich bei Herrn Rößlein von den Verkehrsbetrieben für sein Kommen und erwartet von ihm Vorschläge zur Lösung der Parkplatzprobleme.*

Wenn Sie den Hauptteil lediglich mit einer Fluchtlinie schreiben, empfiehlt sich die Unterstreichung des jeweiligen Namens:

Frau Mauser bedankt sich bei Herrn Rößlein von den Verkehrsbetrieben für sein Kommen und erwartet von ihm Vorschläge zur Lösung der Parkplatzprobleme.

Die Wiedergabe des **Sitzungsverlaufs** kann zum Beispiel enthalten: Fragen, Antworten, Behauptungen, Angaben von Gründen für oder gegen etwas, Überlegungen zu einem Ergebnis, Hinweise auf den Zusammenhang, Zusagen, Vereinbarungen, Aussagen, auf die Bezug genommen wird, Vorwürfe, Verhaltensgründe.

Ergebnisse (Beschlüsse, Termine, Anträge usw.) können Sie ebenfalls durch Unterstreichung hervorheben. In jedem Fall ist der sparsame Umgang mit Hervorhebungen angezeigt.

Der Protokollschluß

Der Schluß des Protokolls enthält:

– Ort und Datum des Protokolls,
– Unterschrift der Verantwortlichen (Protokollführer und Vorsitzender),
– Anlagen- und Verteilervermerk.

Ort und Datum der Anfertigung des Protokolls sind vor allem dann anzuführen, wenn das Protokoll nicht am Tag der protokollierten Besprechung geschrieben wurde. Die Unterschrift der Verantwortlichen sollte maschinenschriftlich wiederholt werden. Haben mehrere Vorsitzende die Sitzung geleitet, müssen alle das Protokoll unterschreiben.

Die **Unterschriften** verleihen dem Protokoll den Charakter einer Urkunde. Unabhängig von der Position in Wirtschaft und Verwaltung unterzeichnet der Protokollführer, wenn er das Protokoll erstellt hat, das Protokoll links unten. Er ist für die Richtigkeit des Inhalts verantwortlich. Das gilt für den ganzen Text, insbesondere für Zahlenangaben, Termine, Daten, Personenangaben, Zeit- und Ortsangaben, spezifische Sachverhalte aus Technik und Wissenschaft sowie für Formeln und Fachausdrücke. Sie können folglich in Schwierigkeiten geraten und zur Verantwortung gezogen werden, wenn Ihnen Fehler beim Protokollieren unterlaufen. Der Vorsitzende unterzeichnet rechts unten auf gleicher Höhe wie der Protokollführer.

Angefertigt   *Für die Richtigkeit*

.

.

.

Gudrun Fleischer   *Hermann Vogel*
Protokollführer   *Vorsitzender*

Handelt es sich um einen kleinen Teilnehmerkreis, unterzeichnen alle Beteiligten. Wird das Protokoll einem großen Teilnehmerkreis zugeschickt, kann der Vorsitzende mit seiner Unterschrift warten, bis feststeht, daß keine Einsprüche erhoben worden sind.

Anlagen zum Protokoll

Geben Sie immer das Material an, das dem Protokoll beigefügt wird (Texte, Teilnehmerlisten), und numerieren Sie die Anlagen:

Anlagen
Vorläufiger Strukturierungsplan Abt. II (Anlage 1)
Entwurf »Schreibaufträge« (Anlage 2)

Verteiler zum Protokoll

Erhalten auch andere Personen als die Sitzungsteilnehmer das Protokoll (Beauftragte, Informierte), müssen Sie diese aufführen:

Verteiler
Sitzungsteilnehmer
Frau Lehmann (Abt. I)
Herr Frahm (Architekturbüro Hermann Kleister)

Dem Namen kann der Hinweis »zur Kenntnisnahme« (z. K.) angefügt werden. Ein Hinweis auf die nächste Sitzung kann in den Hauptteil – sofern er vom Vorsitzenden gemacht wird – aufgenommen oder am Schluß eines Protokolls gegeben werden.

Muster: Protokollrahmen

(Briefkopf)

.

.

.

P r o t o k o l l

.

über eine Besprechung mit der Geschäftsleitung

.

.

Vorsitzender	Herr Vogel, Geschäftsleitung
Teilnehmer	Herr Lehmann, Personalabteilung
	Frau Riethmüller, Vertriebsabteilung
	Herr Weber, Betriebsrat (ab 15.30 Uhr)
Protokollführerin	Frau N. N.

.

Ort	Kleiner Konferenzraum
Tag	22. Februar 19..
Zeit	15.00 – 16.30 Uhr

.

Tagesordnung	1. Ergebnisse der Umfrage über die Einführung der gleitenden Arbeitszeit
	2. Telefondienst

.

.

1. Ergebnisse der Umfrage über die Einführung der gleitenden Arbeitszeit

.

Herr Vogel   weist auf die Schwierigkeiten hin, die durch die Einführung der gleitenden Arbeitszeit bei der Besetzung der Telefonzentrale entstanden seien.

Auf Anregung von Herrn Lehmann schlägt er vor, daß die einzelnen Abteilungen stundenweise Aushilfen zur Verfügung stellen.

.

<u>Ergebnis.</u> Die Abteilungsleiter nennen in der nächsten Sitzung Damen zur stundenweisen Aushilfe in der Telefonzentrale.

·

·

2. Telefondienst

·

·

Irgendwo, 22.02.19..

·

Angefertigt   Für die Richtigkeit

·

·

·

Ihr Name   Vogel
Protokollführerin   Vorsitzender

(Anlagen und Verteiler weglassen, wenn nicht ausdrücklich erwünscht)

Empfehlungen zur Textverarbeitung

Ein Protokoll sollte übersichtlich gestaltet und mit der Schreibmaschine beziehungsweise mit einem Textverarbeitungssystem entsprechend der »Regeln für Maschinenschreiben« DIN 5008 geschrieben sein. Im folgenden werden einige Vorschläge zu einer übersichtlichen Gestaltung gemacht. Die individuelle Gestaltung hat natürlich Vorrang, sofern sie Sinn macht und die Bedürfnisse einer Unternehmung berücksichtigt. Eine »Norm« für die Gestaltung eines Protokolls gibt es nicht.

Die vorgestellten maschinenschriftlichen Beispiele sind auf das Format A4 für Picaschrift abgestimmt. Bei Verwendung einer anderen Schriftfamilie siehe die Angaben in »Regeln für Maschinenschreiben« DIN 5008, 12.2 und 12.3.

Textbeginn: 5. Zeile (DIN 5008, Anwendungsbeispiel 4), gemessen von der oberen Papierkante

Zeilenanfang (1. Fluchtlinie): Grad 10

Zeilenende: Grad 70 +/– 5

2. Fluchtlinie: Für Angaben im Kopf ist eine 2. Fluchtlinie bei Grad 30 sinnvoll. Beispiel:

	(Grad 30)
Teilnehmer	*Herr Göckler*
	Frau Senf
	Herr Wiesner (entschuldigt)

Beginnen Sie mit der Aufzählung eines Tagesordnungspunktes im Hauptteil auf der 1. Fluchtlinie beziehungsweise beim Verlaufsprotokoll mit dem jeweiligen redeeinleitenden Verb auf der 2. Fluchtlinie oder 3 Leerschritte nach dem letzten Buchstaben des längsten Rednernamens (3. Fluchtlinie). Haben die Redner ausschließlich kurze Namen, bietet sich eine 3. Fluchtlinie an.

Einrückungen: jeweils 10 Grad weiter (erste Einrückung bei Grad 20 bei einem Protokoll mit einer Fluchtlinie). Beim Verlaufsprotokoll sind Einrückungen zu vermeiden. Zur Hervorhebung bietet sich eine Leerzeile vom vorangegangenen und vom folgenden Text an. Beispiele:

Frau Lehmann   weist zunächst...

        Ergebnis der Umfrage:

        100 Fragebogen wurden verteilt.

         98 Fragebogen kamen zurück.

         78 sind für...

         18 sind gegen...

          4 haben einen ungültigen Fragebogen...

Herr Dressler   befürwortet im Hinblick auf die große Zustimmung seitens der Mitarbeiter...

Frau Hauffe   stellt fest, die Beschwerden ließen sich im wesentlichen in folgenden Punkten aufzählen.

        1. Es gibt zu viele Fachmagazine, die nicht alle gelesen werden können.

        2. Eine Zusammenfassung der wichtigen Artikel wird vermißt.

      ...

Zeilenabstand: Entwurf 1^1/$_2$ zeilig, endgültiges Protokoll 1zeilig (DIN 5008, 12.4)

Bei sehr umfangreichen Protokollen (Verlaufsprotokollen) ohne 2. (und 3.) Fluchtlinie – wie Sie manchmal gefordert werden – kann die Endfassung 1^1/$_2$ zeilig geschrieben werden.

Absätze: abgesetzt durch je eine Leerzeile (DIN 5008, 12.10)

Seitennumerierung (ab Seite 2): oben, auf der 5. Zeile bei Grad 40. Der Text beginnt auf der 7. Zeile (DIN 5008, 12.17). Beispiel:

.

.

.

.

– 2 –

.

wie alle Gäste dieses Workshops aus der Presse erfahren haben und...

Hinweise auf Folgeseiten: drei Punkte hintereinander auf Grad 60 beginnend, am Fuß der Seite mit mindestens einer Leerzeile Abstand von der letzten Textzeile (DIN 5008, 12.18). Beispiel:

... ist angezeigt, daß wir, nachdem wir alle Möglichkeiten ausgeschöpft haben, vielleicht doch noch einen anderen Mitarbeiter mit der Aufgabe

...

Oder: drei Punkte an der 1. Fluchtlinie:

... ist angezeigt, daß wir, nachdem wir alle Möglichkeiten ausgeschöpft haben, vielleicht doch noch einen anderen Mitarbeiter mit der Aufgabe

...

Unterschriften, Verteiler, Anlagen: Die maschinenschriftliche Namenswiederholung der Unterzeichner sowie deren Funktion werden durch drei Leerzeilen von »Angefertigt« und »Für die Richtigkeit« abgesetzt (DIN 5008, 12.13).

Anlagen- und Verteilervermerk sowie sonstige Vermerke werden durch mindestens eine Leerzeile abgesetzt (DIN 5008, 12.14.1, 12.14.2):

Angefertigt   *Für die Richtigkeit*

.

.

.

Name   *Name*
Protokollführer   *Vorsitzender*

.

Verteiler
Geschäftsstelle
Außenstelle Ost

Ergebnisse, Beschlüsse, Anträge, Termine u. ä.: Sie werden durch stichwortartige Hinweise gekennzeichnet. Diese Hinweise stehen auf der 1. (oder 2. Fluchtlinie), schließen mit einem Punkt (oder Doppelpunkt) und können unterstrichen werden. Der Text wird ohne Wechsel der Fluchtlinie unmittelbar angefügt (DIN 5008, 12.7.2). Beispiel:

Ergebnis. Der Außendienstmitarbeiter wird beauftragt, den Markt für deutsche Spielzeugautos zu eruieren.

Beispiele für die Gestaltung von Ergebnissen, die Aufzählungen enthalten:

Frau Sattler hält an der Einführung der Überwachung mit Hilfe eines elektronischen Zeiterfassungssystems fest.

Ergebnis. 1. Für 6 Monate wird probeweise folgende Arbeitszeit festgelegt:

> *6.00 – 8.00 Uhr (Gleitzeit)*
> *8.00 – 15.00 Uhr (Kernzeit und Anwesenheitspflicht)*
> *15.00 – 20.00 Uhr (Gleitzeit)*
> *2. Die elektronische Zeiterfassung…*

Oder:

Frau Sattler halt an der Einführung der Überwachung mit Hilfe eines elektronischen Zeiterfassungssystems fest.

Ergebnis. a) Für 6 Monate wird probeweise folgende Arbeitszeit festgelegt:

> *6.00 – 8.00 Uhr (Gleitzeit)*
> *8.00 – 15.00 Uhr (Kernzeit und Anwesenheitspflicht)*
> *15.00 – 20.00 Uhr (Gleitzeit)*

> *b) Die elektronische Zeiterfassung…*

Hervorhebungen (Einrücken, Sperren, Unterstreichen):

Gehen Sie sparsam damit um! Viele verschiedenartige Hervorhebungen wirken plump und machen das Protokoll unübersichtlich.

Die Rechtskraft eines Protokolls

Geschäftsordnungen, Satzungen und Protokolle regeln die Zusammenarbeit in einem Unternehmen, in einer Behörde, in einem Verband oder in einem Verein. Entsprechend erhält das unterschriebene Protokoll einen bestimmten Stellenwert – es ist eine »Privaturkunde« im Sinne von §§ 416, 440 der Zivilprozeßordnung (ZPO). Alle in einer solchen Privaturkunde enthaltenen Erklärungen müssen als vom Aussteller abgegeben betrachtet werden. Ein ordnungsgemäß verfaßtes Protokoll ist demnach eine gesicherte Grundlage über das, was in einer Sitzung protokolliert beziehungsweise beschlossen wurde (vgl. Handbuch des Vereins- und Verbandrechts von Reichert/Dannecker/Kühr, Neuwied, Darmstadt 1984, 4. Auflage). Vorschriften hierzu finden Sie beispielsweise im Aktengesetz, in den Personalvertretungsgesetzen des Bundes und der Län-

---

Auszug aus dem Betriebsverfassungsgesetz

§ 34 Sitzungsniederschrift

(1) Über jede Verhandlung des Betriebsrats ist eine Niederschrift aufzunehmen, die mindestens den Wortlaut der Beschlüsse und die Stimmenmehrheit, mit der sie gefaßt sind, enthält. Die Niederschrift ist von dem Vorsitzenden und einem weiteren Mitglied zu unterzeichnen. Der Niederschrift ist eine Anwesenheitsliste beizufügen, in die sich jeder Teilnehmer eigenhändig einzutragen hat.

(2) Hat der Arbeitgeber oder ein Beauftragter einer Gewerkschaft an der Sitzung teilgenommen, so ist ihm der entsprechende Teil der Niederschrift abschriftlich auszuhändigen. Einwendungen gegen die Niederschrift sind unverzüglich schriftlich zu erheben; sie sind der Niederschrift beizufügen.

der oder im Betriebsverfassungsgesetz. Anders als eine öffentliche Urkunde erbringt das Sitzungsprotokoll nicht den Beweis für seinen Inhalt und den bezeugten Vorgang, sondern nur dafür, daß ihr Inhalt von den Unterzeichnern herrührt (siehe §§ 416, 440 ZPO). Die Beweiskraft des Protokolls richtet sich nach §§ 415, 418 ZPO.

Um die Rechtskraft eines Protokolls zu sichern, muß es mindestens folgende Angaben enthalten:

1. Ort, Tag, Uhrzeit der Sitzung
2. Namen des Vorsitzenden und des Protokollführers
   sowie deren Unterschrift
3. Namen der Teilnehmer
4. Anträge (im Wortlaut)
5. Angaben über Abstimmungen und deren Ergebnisse

Dieser Mindestinhalt entspricht dem eines Ergebnisprotokolls.

Nach Fertigstellung eines Protokolls darf nichts mehr verändert werden, berichtigt werden können lediglich Schreibfehler, Rechenfehler sowie unrichtige Angaben (§ 319 ZPO).

Nachtragsprotokoll

Ein Nachtragsprotokoll ist erforderlich, wenn der Protokollführer einen Teil der Beschlüsse nicht protokolliert haben sollte oder wenn die Formulierung der Beschlüsse unklar ist.

Die Anerkennung eines Protokolls

Ein Protokoll muß von allen Beteiligten anerkannt werden. Im einzelnen bestehen – wie erwähnt – rechtliche Regelungen, daß ein Protokoll erst dann Rechtskraft erlangt, wenn innerhalb einer bestimmten Zeit nach Ausfertigung kein Widerspruch der Sitzungsteilnehmer erfolgt ist.

Handelt es sich um Protokolle regelmäßig zusammentretender kleinerer Gremien (z. B. Mitarbeiterbesprechungen, Abteilungsleiterbesprechungen, Vereinsversammlungen, Konferenzen, Unterrichtsstunden, Vorstandssitzungen) mit denselben Teilnehmern, kann das Protokoll am Anfang der jeweils folgenden Sitzung (verlesen und) genehmigt werden. Danach können noch Änderungen und Ergänzungen beantragt und nach Zustimmung durch die Mehrheit der Teilnehmer vorgenommen werden. Der vorgelegte Protokolltext gilt in diesen Fällen erst dann, wenn die Versammlung ihn mit Mehrheit angenommen hat. Auch bei jährlich stattfindenden Mitgliederversammlungen von Gesellschaften und Vereinen kann das Protokoll der vorangegangenen Sitzung vorgelegt und genehmigt werden.

Schriftliche Genehmigung des Protokolls

In unregelmäßigen Abständen stattfindende Sitzungen größerer Gremien mit einem jeweils wechselnden Teilnehmerkreis müssen protokollarisch in sich abgeschlossen werden. Das Protokoll (Entwurf) wird den Teilnehmern zugesandt mit Angabe eines Termins, bis zu dem Einwendungen vorgelegt werden können. Das Protokoll gilt als genehmigt, wenn kein Einspruch innerhalb der gesetzten Frist erfolgt. Erhebt ein Sitzungsteilnehmer Einspruch, ist dieser – wenn er nicht schriftlich behandelt werden kann – auf der nächsten Sitzung zu verhandeln. Zuvor muß er allen Sitzungsteilnehmern zugesandt werden. Zur Überprüfung eines Beschlusses muß also auch das nachfolgende Protokoll herangezogen werden. Etwaige Änderungen können im Protokollentwurf eingefügt werden.

Handelt es sich bei einem Protokollentwurf schließlich um das endgültige Protokoll, sollte dies durch eine Schlußformulierung am Fuß des Protokolls vermerkt werden. Beispiele:

Der Entwurf des Protokolls lag den Sitzungsteilnehmern vor und wurde in der Sitzung vom 21. 01. 19.. ohne Änderung genehmigt.

Der Entwurf des Protokolls lag den Sitzungsteilnehmern vor. Da bis zum 21. 01. 19.. keine Einsprüche eingegangen sind, hat er damit Rechtskraft erlangt.

Die Genehmigung von Wortprotokollen ist nicht erforderlich, denn hier können Berichtigungen nur Tippfehler, Hörfehler oder Fehler im Sprachgebrauch betreffen.

Der Protokollführer bestätigt durch seine Unterschrift die Richtigkeit der Protokollaufnahme. Die Verantwortung für die Richtigkeit eines Protokolls trägt der Vorsitzende. Er bestätigt das mit seiner Unterschrift, wenn seitens der Sitzungsteilnehmer keine Einwendungen erhoben worden sind. Er kann offensichtlich Fehler beziehungsweise Versehen bei der Wiedergabe des Diskussionsverlaufs korrigieren, ohne die Sitzungsteilnehmer zu befragen. Voraussetzung ist, daß der Protokollführer den Fehler bestätigt. Ergeben sich aus einem fehlerhaften Protokoll Nachteile oder Schäden, kann der Vorsitzende zur Rechenschaft gezogen und haftbar gemacht werden.

Einsatz von Tonaufnahmegeräten bei Sitzungen

Tonaufnahmen bei Sitzungen zur Unterstützung der Protokollführung müssen genehmigt sein. Heimliche Tonaufnahmen verstoßen gegen den im Grundgesetz, Artikel 1 Absatz 1, garantierten Schutz der Menschenwürde. Zum Schutze dieses Grundrechtes droht § 201 des Strafgesetzbuches (StGB) mit einer Freiheitsstrafe bis zu drei Jahren oder mit Geldstrafe bei Verletzung der Vertraulichkeit des Wortes.

Beachten Sie auch, daß die Anfertigung eines Protokolls aufgrund einer Ihnen übergebenen widerrechtlich angefertigten Tonaufnahme ebenfalls strafbar ist. Widerrechtlich angefertigte Tonaufnahmen werden deshalb auch nicht als Beweismittel anerkannt. Protokolle, die aufgrund einer widerrechtlich angefertigten Tonaufnahme geschrieben wurden, haben entsprechend auch keine Beweiskraft.

Ist beispielsweise durch die Geschäftsordnung oder durch einen einmal gefaßten Beschluß die Tonaufnahme zur Unterstützung der Protokollführung zugelassen, muß dennoch das Einverständnis aller Sitzungsteilnehmer mit einer Tonaufnahme der Sitzung vorliegen. Die Zustimmung zur Tonaufnahme sollte protokolliert werden (siehe hierzu § 160 ZPO). Beispiel:

Alle Sitzungsteilnehmer erklären sich mit der Tonaufnahme der Sitzung zur Unterstützung der Protokollführung einverstanden.

Verständnisprobleme beim Protokollieren

Jede Protokollaufnahme lebt davon, daß der PF die in der Sitzung ablaufenden Vorgänge nachvollziehbar erfassen kann. Bei guter Vorbereitung der Protokollaufnahme gelingt dies in der Regel. Problematisch wird es jedoch, wenn während der Aufnahme Blockaden auftreten. Diese können so aussehen:

1. Der PF hält sich für unfähig. Er meint, er könne die diskutierte Sache einfach nicht verstehen (perzeptorische Blockade).

2. Gefühlsmäßige Hindernisse beeinträchtigen das klare Denken. Meistens basieren sie auf Unsicherheit (emotionale Blockade).

3. Der PF versteht Ausdrücke und Zusammenhänge der Redner anders als gemeint (fachliche Blockade).

4. Das körperliche Befinden und damit auch das seelische wird beispielsweise durch Hitze, Flüssigkeitsmangel oder Zugluft beeinträchtigt (psychologische Blockade).

5. Der PF versteht etwas von der besprochenen Sache und strebt bereits beim Mitdenken zum Abschluß, obwohl die einzelnen Redner noch bei der Diskussion verweilen. In diesem Falle wird seine Zuhör- und Verstehensfähigkeit behindert (Aktivitätsblockade).

6. Der PF nimmt die Sache zu leicht, lehnt sie innerlich vielleicht auch ab – er erkennt nicht die Bedeutung der Aussagen und protokolliert unter Umständen gerade das Unwichtige (Oberflächlichkeits-Blockade).

Was tun bei Blockaden?

Die folgenden Tips zeigen Ihnen, daß Sie Ihre Reaktionen selbst in der Hand haben, und zwar unabhängig von der fachlichen Qualifikation. Grundvoraussetzung sind natürlich der nötige Ernst, Interesse an der Arbeit und eine gute Kondition.

▦ Schenken Sie sich Selbstvertrauen. Sie wissen, daß Sie zumindest die gesprochenen Worte richtig im Stenogramm festhalten können. Fachliche Probleme lassen sich auch noch anschließend klären.

▦ Achten Sie vor und während der Protokollführung auf körperliches Wohlbefinden.

▦ Versuchen Sie, sich in einen Redner hineinzudenken und dessen Überlegungen nachzuvollziehen, um die fachliche Blockade zu überwinden.

▦ Sie sollten sich beim Protokollieren auf die Rolle des PF beschränken und nicht innerlich als »Redner« teilnehmen – beispielsweise zur Lösung eines Problems beitragen wollen.

▦ Nehmen Sie die Diskussion der Tagesordnungspunkte ernst, selbst wenn Sie einzelne Punkte nicht interessieren.

▦ Betrachten Sie sich als neutralen Teilnehmer und versuchen Sie nicht, eigene Interessen oder Sympathien aufkommen zu lassen.

Für all jene unter Ihnen, die mit diesen Tips nicht zurechtkommen, empfiehlt es sich, Ihre Probleme, die häufig auf einem Mangel an Konzentration basieren, eingehender zu untersuchen, sie verstehen und lösen zu lernen. Die folgenden Ausführungen sollen Ihnen dabei helfen.

Wenn es mit der Konzentration hapert

Kennen Sie diese Situation? Sie liegen in Ihrer Freizeit auf der Couch und lesen in einer Zeitschrift. Nach einiger Zeit stellen Sie fest, daß Sie zwar umgeblättert, aber vom Inhalt nichts aufgenommen haben. Sie waren also in Gedanken nicht mit dem Text beschäftigt, sondern mit Ihren eigenen, persönlichen Überlegungen. Ihre Augen haben den Text nur mechanisch überflogen. Sie fangen also noch einmal von vorne an oder legen das Heft zur Seite, damit Sie sich nun völlig Ihren Gedanken hingeben können. Wie kommt es zu diesem Abschweifen Ihrer Gedanken?

Ein kleiner Test

Die Antwort wird Ihnen unser Experiment geben. Lesen Sie den folgenden Text bitte konzentriert durch. Sie sollen gleich im Anschluß daran in der Lage sein, ihn inhaltlich wiederzugeben:

> Ihre neue Aktualität verdankt diese Tradition der expandierenden Technizität einer Umwelt, die mit der Technisierung von Verkehr und Kommunikation die urbanisierte Lebenswelt einer zunehmenden Semiotisierung aussetzt und das Desiderat einer Formalisierung des Signalelements der Objekte in reglementierbaren und reflektierbaren Zeichensystemen, ja in einer »Soziologie der Objekte« konstituiert.

Nun, sind Sie in der Lage, die Kerninformation des Textes wiederzugeben? Oder haben Sie Probleme?

Wenn ja, dann taucht die Frage auf, *wie* Sie gelesen haben. Hatten Sie mit innerer Abwehr zu kämpfen? Etwa so: »Das verstehe ich nicht«, »Was soll das heißen?«, »Das ist ja unmöglich geschrieben!«, »Eigentlich habe ich gar keine Lust, den Text zu verstehen« oder »Genauso schreibt Dr. Nowocki!« Dann waren Sie nicht vollkommen auf den Text konzentriert. Ihre Augen haben die entsprechenden Textstellen nur überflogen, nicht aber intensiv wahrgenommen.

Vielleicht haben Sie aber auch langsam gelesen, sich während des Lesens ein Bild vom Geschriebenen gemacht und fremde oder schwierige Wörter sogar vor sich hingemurmelt. Auch in diesem Fall haben Sie ein Selbstgespräch geführt (wir reden ständig mit uns selbst – auch in diesem Augenblick, wenn Sie sagen: Das stimmt!), und zwar diesmal im Einklang mit dem Gelesenen. Sie haben Ihre Gedanken auf das Gelesene konzentriert. Sie sind auf dem richtigen Weg und haben vielleicht nur Schwierigkeiten mit der Anhäufung von Fremdwörtern.

Bedenken Sie, daß »inhaltliche Wiedergabe« nicht Nacherzählung heißt, sondern, das Wesentliche einer Äußerung wiederzugeben. Und das steht in unserem Beispiel bereits im Hauptsatz ganz am Anfang. Der folgende Nebensatz enthält fast ausschließlich Worthülsen, die von Inhalt und Bedeutung her nebensächlich sind. Sollten Sie mit solchen Wortbeiträgen (zumeist abgelesen!) konfrontiert werden, bitten Sie die Redner ganz einfach um eine Wiederholung der Aussage in klarem Deutsch.

Aber zurück zum konzentrierten Lesen. Das lautlose »Mitmurmeln« des Gelesenen ist tatsächlich die beste Methode, dem Textfluß aufmerksam zu folgen – und zwar immer dann, wenn die Gedanken abschweifen wollen. Dies läßt sich auch auf das Zuhören übertragen: Sie telefonieren beispielsweise mit einem Kunden. Plötzlich stellen Sie fest, daß Sie während der letzten Sekunden mehr darauf geachtet haben, *wie* der Kunde spricht (langatmig, mit Fistelstimme oder in ausgeprägtem Dialekt), und nur lückenhaft aufgenommen haben, *was* er sagte. Schnell bemühen Sie sich, gedanklich zu rekapitulieren, was an Inhaltlichem vermittelt wurde, um eine logische Einheit mit dem momentan Gesprochenen herstellen zu können. Dabei laufen Sie immer Gefahr, auch das inzwischen Gesprochene nur »halb« mitzubekommen. Und genauso verhält es sich während des Protokollierens.

Deshalb: Sprechen Sie – sobald Sie »Desinteresse« am Gesprochenen oder ein »Abschweifen« Ihrer Gedanken registrieren – über etwa 15 bis 30 Sekunden lautlos mit, was der Redner sagt, und stellen Sie sich die Worte bildlich vor. Sie werden sehen, im Nu sind Sie wieder mittendrin in der Gedankenwelt des anderen.

Konzentrationsmangel – eine typische Zeiterscheinung

Der moderne Mensch ist nahezu ständig einer Reizüberflutung ausgesetzt – bei der Arbeit, im Privatleben und im Straßenverkehr. Viele fühlen sich überfordert.

Wer kennt in der Firma, im Bekannten– oder Freundeskreis nicht Menschen, die leicht reizbar sind, über eine nur geringe »Frustrationstoleranz« verfügen, nicht zuhören können, ruhelos, nervös und umtriebig sind; Menschen, die rasch ermüden und Schwierigkeiten haben, Arbeiten oder sonstige Tätigkeiten länger aufmerksam und konzentriert auszuführen.

Und – last not least – wieviele Symptome finden Sie davon bei sich selbst? Sie sehen, Unkonzentriertheit ist ein Problem unserer Gesellschaft und die Ursache verschiedener Konflikte. Das zeigt schon ein Blick auf die Regale in Buchhandlungen oder in private und berufliche Fortbildungsprogramme: Das »Erfolgsgeheimnis Konzentration« wird in vielfältigen Varianten angeboten und gekauft.

Konzentration kann man trainieren

Konzentration – in »Meyers Enzyklopädie« definiert als »Zentrierung seelischen Geschehens« – ist das genaue Gegenteil von Zerstreutheit. Häufig werden Konzentration und Aufmerksamkeit als »Zustand gerichteter Wachheit« gleichbedeutend verwendet. Ohne sinnesleitende Aufmerksamkeit und geistige Konzentration jedenfalls kann es keine zielgerichtete Tätigkeit geben.

Eine grundlegende Schwierigkeit besteht darin, daß der Konzentration bestimmte Grenzen gesetzt sind, weil die Aufmerksamkeit – ganz wie der wahrnehmende Blick – unstet umherschweift. Willentliche Aufmerksamkeit kann nicht länger als einige wenige Sekunden am Stück durchgehalten werden. Was man als durchgehaltene willentliche Aufmerksamkeit bezeichnet, sind kontinuierlich wiederholte Anstrengungen, dem Geist den jeweiligen Gegenstand »zurückzubringen«. Diese Anstrengung kann man trainieren!

Ein anderes Problem resultiert aus der sogenannten »Enge des Bewußtseins«. Man kann im Kurzzeitgedächtnis nur eine bestimmte Anzahl von Dingen gleichzeitig verarbeiten. Fünf Informationen, Zahlen oder Namen können sich die meisten Menschen noch merken, schon bei sieben Einheiten geht es in den Grenzbereich, und bei mehr als sieben Einzelinformationen zeigen sich gravierende Mängel. Diese Aufmerksamkeitsspanne kann man allerdings fast problemlos erweitern, und man macht dies auch ständig – durch sogenannte Eselsbrücken. Dabei werden isolierte Informationen zu größeren Bedeutungseinheiten zusammengefaßt – die Zahl 2412 beispielsweise zur Bedeutung »Heiligabend«. Diesem Zweck dienen letztlich alle Techniken zur Aufmerksamkeits- und Konzentrationsschulung.

Konzentration kann man nicht »wollen«, man kann sie nicht mit Gewalt erzwingen. Wer sich konzentrieren will, erreicht meist das

Gegenteil. Deshalb muß der, der seine Konzentrationsfähigkeit verbessern will, mit Interesse an die Sache herangehen. Denn Interesse – nicht Wille – ist der Weg zur Verbesserung. Es ist wie bei jedem anderen Lernprozeß – wenn man sich eingehend mit einem Stoff beschäftigt, sich Zeit und Ruhe dafür nimmt, wird man bald feststellen, daß man seinen Horizont erweitern kann. Ebenso ist es mit der Konzentrationsfähigkeit: Man muß sie sich erarbeiten, um ein Meister darin zu werden. Der Weg dahin kann nur über bewußte Wahrnehmung, bewußtes Denken, bewußten Umgang mit den Dingen, bewußte Empfindung und bewußtes Leben führen.

Auf die innere Einstellung kommt es an

Konzentrationsfähigkeit als Können muß im Sinne der Entwicklung der eigenen Persönlichkeit verbessert werden hin zu einer interessierten inneren Präsenz und Anteilnahme, die sich ausdrückt in der Fähigkeit des Zuhören-Könnens. – Wie oft nehmen Sie an einem Gespräch teil und gehen nicht auf das ein, was Ihr Gesprächspartner sagt. Vielmehr antworten sie mit einem neuen Gedanken, der nichts mit dem vom Partner Geäußerten zu tun hat. Hören Sie das nächste Mal zu. Antworten Sie, kommentieren Sie das Gesagte und lenken Sie dabei über auf das, was Sie »auf dem Herzen haben«. Schenken Sie wie ein guter Tennisspieler jedem Aufschlag Aufmerksamkeit, kontern Sie schnell und anmutig. Im Laufe der Zeit werden Sie lernen, die gesamte vielschichtige Dynamik des Lebens besser zu erfassen, sich einzufügen in die Bewegung des Ganzen – sich darauf einzulassen. Jede Sache, die Sie tun, sollte zum Ausdruck Ihres eigenen Wollens werden. Dann haben auch Sie Freude an Ihren Fähigkeiten.

Woran die meisten Dinge scheitern, ist die negative Einstellung zu einer Sache (»Protokollführung ist furchtbar, ich bringe das einfach nicht zustande...«). Damit steht sich der einzelne hinsichtlich seiner Konzentrationsfähigkeit selbst im Wege. Gegen diese Fallen kann man aber etwas tun – durch realitätsbezogenes »positives« Denken und Handeln. Stehen Sie sich selbst Rede und Antwort: »Warum kann ich das nicht?«, »Was habe ich eigentlich schon versucht, um ein gutes Protokoll zu schreiben?«, »Kann ich – realistisch betrachtet – schnell genug stenographieren?«, »Höre ich überhaupt aufmerksam genug zu?« usw.

Wenn Sie mit Ihren Überlegungen nicht weiterkommen, hier die häufigsten Ursachen von Konzentrationsschwierigkeiten:

- äußere Ursachen:
  Lärm, Überforderung, schlechte Luft, Temperatur, mangelhafte Arbeitsplatzgestaltung, Störungen durch Kunden, Kollegen, Vorgesetzte, Telefon, Unordnung
- innere Ursachen:
  Krankheit, Müdigkeit, Streß, Ernährung, Nervosität, Ablenkbarkeit, Desinteresse, seelische Probleme.

Mit welchen Schwierigkeiten haben Sie am häufigsten zu kämpfen? Sind es Müdigkeit und Streß? Warum schlafen Sie nicht mehr und erlernen eine Entspannungstechnik? Sind es Desinteresse und mangelnde Motivation? Warum wechseln Sie nicht Ihren Job? Fehlen Ihnen Übung und Erfahrung? Warum trainieren Sie nicht Ihre Geschwindigkeit in der Stenographie, beispielsweise jeden Tag eine Stunde? Warum zeichnen Sie nicht einmal wöchentlich eine Talkshow auf, schreiben mit, fertigen ein Protokoll an und vergleichen das, was Sie protokolliert haben, mit der Aufzeichnung? Warum investieren Sie nicht mehr Zeit in Ihre Weiterbildung?

Diese Liste der aufgeführten Faktoren ist keineswegs vollständig. Grundsätzlich kann man sagen: Je länger jemand massiven äußeren Störungen der Konzentration ausgesetzt ist, desto wahrscheinlicher ist es, daß zusätzlich körperliche und seelische Faktoren entstehen.

Das folgende Schema soll Ihnen helfen, die Ursachen Ihrer Konzentrationsprobleme und die geeigneten Maßnahmen zur Verbesserung der Konzentrationsfähigkeit zu finden.

| Symptome (Wie äußern sich die Probleme?) | Gelegenheiten/Anlässe (Wann und wo äußern sich die Probleme?) |

Welche Ursachen kommen in Frage?

Welche Maßnahmen beeinflussen die Symptome positiv?

Welche Maßnahmen beeinflussen die Symptome negativ?

Welche Symptome sind von mir nicht beeinflußbar?

Wie kann ich damit umgehen?

So verbessern Sie Ihre Konzentrationsfähigkeit

Setzen Sie sich vor eine Uhr, die einen Sekundenzeiger hat.

Entspannen Sie sich einige Augenblicke lang, sammeln Sie Ihre Aufmerksamkeit und konzentrieren Sie sich auf die Bewegung des Sekundenzeigers.

Achten Sie zwei Minuten lang nur auf die Bewegung des Sekundenzeigers, als ob nichts anderes auf der Welt existierte.

Wenn Sie den Faden verlieren, weil Sie über etwas anderes nachgedacht haben oder weil Sie einfach geistig weggetreten waren, halten Sie inne, sammeln Sie Ihre Aufmerksamkeit und beginnen Sie von vorne.

Versuchen Sie, zwei ganze Minuten lang konzentriert zu bleiben.

Um die Grundübung ein wenig interessanter und abwechslungsreicher zu gestalten, können Sie auch folgende Variationen ausprobieren:

1. Legen Sie die Uhr direkt vor den laufenden Fernseher, und versuchen Sie, genau zwei Minuten lang nur auf die Bewegung des Sekundenzeigers zu achten. Erlauben Sie der ausgestrahlten Sendung nicht, das Zentrum Ihrer Aufmerksamkeit zu verlagern.

2. Konzentrieren Sie sich halb auf die Bewegung des Sekundenzeigers und halb auf Ihre Hände. Teilen Sie Ihre Aufmerksamkeit genau »in der Mitte«.

3. Richten Sie Ihre Aufmerksamkeit halb auf die Bewegung des Zeigers und halb auf eine Zahlenreihe. Sagen Sie im Geiste die Zahlen 2, 4, 6, 8, 10, 8, 6, 4, 2, 4, 6 usw. auf, und behalten Sie dabei den Zeiger im Auge. Sobald Sie merken, daß Sie auch über anderes nachzudenken beginnen oder den Faden verloren haben, fangen Sie wieder von vorne an. Halten Sie wenigstens zwei Minuten lang durch.[1]

---

[1] Tom Wujec, Schneller schalten als andere, 1991.

Muster der verschiedenen Protokolle

Auf den folgenden Seiten finden Sie nun alle wesentlichen Informationen und Gestaltungsmerkmale von Protokollen in Mustern zusammengetragen. Achten Sie bitte auf Form, Inhalt und Sprache, denn im Übungsteil C werden Sie Ihre »Protokollierkunst« unter Beweis stellen müssen.

Das ausführliche Protokoll (Verlaufsprotokoll)

Muster: Verlaufsprotokoll (mit Beschlußfassung)

(Briefkopf)

Protokoll

über eine Besprechung der Betriebsleitung mit dem Betriebsrat

Vorsitzender	Herr von Döring, Direktor
Teilnehmer	Herr Kratzer, Betriebsleiter Frau Denker, Betriebsratsvorsitzende Frau Pickel, Leiterin des Schreibdienstes
Ort	Kleines Konferenzzimmer
Datum	05.02.19..
Zeit	10.30 – 10.45 Uhr
Protokollführung	Frau Ringmann
Tagesordnung	Einführung von Betriebsferien ab 19..
Herr von Döring	begrüßt die Anwesenden und eröffnet die Diskussion.
Frau Denker	referiert die Meinung der Belegschaft:

– Alle Arbeitnehmer könnten bei Einführung von Betriebsferien ihren Urlaub während des Sommers verbringen.

– Drei Wochen Betriebsferien Ende Juli /Anfang August seien eine gute Lösung.

– Die Betriebsferien müßten trotz aller Probleme auf jeden Fall in den Schulferien liegen.

Herr Kratzer   vertritt die Bedenken der Betriebsleitung:

Zwei Wochen Betriebsferien seien in der Produktion eher zu verkraften als drei Wochen. Der Produktionsausfall bleibe vertretbar. Ferner entstehe nur ein geringfügiger Nachteil gegenüber der Konkurrenz.

Frau Denker   entgegnet, die Belegschaft sei in der Mehrzahl zu Überstunden bereit, um den voraussehbaren Produktionsausfall abzufedern.

Herr von Döring   wendet ein, daß Überstunden wegen zu hoher Kosten problematisch seien. Zudem seien Überstunden in Krisen nicht vertretbar. Die gegenwärtige Wirtschaftslage habe Überstunden nachgerade in Verruf gebracht. Sie könnten unter Umständen sogar verboten werden.

Frau Denker   stellt diesen Bedenken den in der übrigen Zeit optimalen Produktionsablauf gegenüber.

Frau Pickel   betont die Effizienz des Schreibdienstes, die in jedem Falle gewährleistet sein werde.

Herr von Döring   weist noch einmal auf die Nachteile für die Belegschaft hin. Die Betriebsferien bedeuteten eine absolute Urlaubsbindung. Ein 3wöchiger Winterurlaub wäre dann kaum noch möglich. Gerade die Damen der Belegschaft wären in der Wahl ihrer freien Tage eingeschränkt. Ein längerer Urlaub außerhalb der Saison wäre fast unmöglich.

Frau Denker   räumt ein, daß auch die Belegschaft diese Nachteile ins Kalkül ziehe und sich deshalb nicht einstimmig für die Einführung von Betriebsferien ausspreche. Die verhältnismäßig wenigen Gegner sollten sich jedoch der Mehrheit fügen.

Herr Kratzer   lenkt noch einmal den Blick auf die Argumente der betrieblichen Seite:

- Die Kunden könnten verärgert reagieren.

- Kunden könnten an Betriebsferien nur gewöhnt werden, wenn diese jedes Jahr im selben Zeitraum lägen.

- Es müßte sichergestellt werden, daß einige Tätigkeiten auch in den Betriebsferien verrichtet werden, zum Beispiel eilige Kundenangelegenheiten, Bearbeitung der Eingangspost, Telefondienst, Wartung technischer Geräte.

- Ein leitender Mitarbeiter sowie ein Mitarbeiter, der sich rundherum auskennt, müsse jederzeit erreichbar sein.

- Umsatzeinbußen mußten kalkuliert werden.

- Die Umsatzeinbußen könnten nur durch eine Vergrößerung der Kapazität ausgeglichen werden, was zusätzliche Kosten bedeute.

Herr von Döring   verweist auf Erfahrungen anderer Firmen, die offensichtlich die durch Betriebsferien verursachten Probleme gelöst hätten und den Vorteil des guten Produktionsflusses in der übrigen Zeit nutzten.

Auf Vorschlag von Herrn von Döring werden folgende Beschlüsse gefaßt:

1. Ein Arbeitsausschuß wird gebildet. Ihm sollen angehören: Frau Denker, Herr Kratzer, zwei Mitglieder des Betriebsrates (von Frau Denker zu nennen), zwei Mitglieder der Betriebsleitung (von Herrn von Döring zu nennen).

   Gemeinsame Federführung: Frau Denker und Herr Kratzer.

   Der Ausschuß soll die Erfahrungen anderer Firmen erkunden und Auskünfte bei der IHK einholen.

2. Die Ausschußmitglieder werden bis zum 15.03.19.. benannt. Der Ausschuß legt seinen Bericht bis Ende Mai vor.

Musterstadt, 05.02.19..

Angefertigt   Für die Richtigkeit

Iris Ringmann   Detlef von Döring
Protokollführerin Vorsitzender

Verteiler
An alle Teilnehmer
4 Ausschußmitglieder (nach Benennung)

Das Kurzprotokoll

**Muster: Hauptteil eines Kurzprotokolls
(ohne Beschlußfassung)**

1. Protokoll Nr. 15 vom 05. 08. 19..
   Das Protokoll wird genehmigt.

2. Firmeneigene Parkplätze
   Durch Verlegung des Fahrradstandes werden acht zusätzliche
   Parkplätze geschaffen. In Zukunft werden die firmeneigenen
   Parkplätze nur noch externen Mitarbeitern zur Verfügung ste-
   hen. Diese sollen das polizeiliche Kennzeichen ihres Fahrzeugs
   bis 31. 08. 19.. dem Personalbüro mitteilen.

3. Rechnungsabschluß 30. 06. 19..
   Die Gewinn- und Verlustrechnung ergibt ein Defizit von
   ... DM.

4. Unstimmigkeiten wegen der flexiblen Arbeitszeit
   Dieser Tagesordnungspunkt wird auf eine spätere Sitzung ver-
   tagt.

**Muster: Hauptteil eines Kurzprotokolls
(mit Beschlußfassung)**

1. Einführung eines neuen Produktes

Frau Krämer informiert die Anwesenden darüber, daß im nächsten Jahr zur Erweiterung des Warenangebots und der Produktion ein neues Produkt eingeführt wird.

Ergebnis. Sie wird beauftragt, bis zum 31.07.19.. die anderen Abteilungen ausführlich zu informieren.

2. Einstellung neuer Mitarbeiter

Frau Krämer weist darauf hin, daß bei der Vergrößerung des Betriebes nach fachlichen Gesichtspunkten ab 01.01.19.. der Personalbestand der Abteilung Verwaltung und der Personalabteilung vergrößert werden kann.

Ergebnis. Sie bittet die Abteilung Verwaltung, den erforderlichen Personalbedarf innerhalb von 14 Tagen zusammenzustellen und ihr eine Liste zugehen zu lassen.

3. Bau eines neuen Verwaltungsgebäudes

Herr Link weist darauf hin, daß zur Zeit Überlegungen im Gange sind, nach denen innerhalb von zwei Jahren ein neues Verwaltungsgebäude gebaut werden soll.

Ergebnis. Er wird gebeten, die Anwesenden über den Fortgang der Planung auf dem laufenden zu halten.

4. Einrichtung einer Kantine

Herr Widmaier bittet Herrn Link, der Direktion vorzuschlagen, bei der Errichtung eines neuen Verwaltungsgebäudes auch eine Kantine mit einzuplanen.

Ergebnis. Herr Link erklärt sich bereit, die Direktion über den Wunsch einer Kantine zu unterrichten und die Anwesenden sobald wie möglich über das Gesprächsergebnis zu informieren.

Das Ergebnis- oder Beschlußprotokoll

Muster: Ergebnisprotokoll

(Briefkopf)

Protokoll

über eine Konferenz der Klasse S IIc

Vorsitzende	Elke Pall (Klassensprecherin)
Teilnehmer	21 Schülerinnen und Schüler der Klasse S IIc
	(siehe Anwesenheitsliste)
	Ludger Knirps (fehlt entschuldigt)
Protokollführung	Stefan Noddig
Ort	Kreisberufsschule, Südstr. 13 – 18,
	81008 München, Raum 313
Datum	15.01.19..
Zeit	13.15 – 15.05 Uhr
Tagesordnung	Klassenfahrt in den Osterferien

Nach ausführlicher Diskussion wird beschlossen:

1. In den Osterferien soll eine dreitägige Klassenfahrt nach Brüssel durchgeführt werden.
2. Der genaue Termin soll zwischen dem Klassenlehrer, Herrn Hidding, und der Klassensprecherin festgelegt werden.
3. Zwei Vorschläge für den Ablauf der Klassenfahrt sollen Heike Schuster und Kai Lennartz bis zum 28.01.19.. der Klasse zur Entscheidung vorlegen.
4. Die Kosten sollen den Betrag von ... DM nicht wesentlich überschreiten.
5. Der Stellvertreter der Klassensprecherin, Dirk Jan, holt Angebote ein
   über Unterbringungsmöglichkeiten in Brüssel,
   – über Fahrtmöglichkeiten (Bus/Bahn).
   Außerdem erklärt er, daß für die Fahrt Zuschüsse beantragt werden können.

München, 15.01.19..

Angefertigt	Für die Richtigkeit
Stefan Noddig	Elke Pall
Protokollführer	Vorsitzende

Anlage
Anwesenheitsliste

Muster: Formblatt für ein Ergebnisprotokoll

Musterstädter Kabel- und Metallwerke KG, Bereich: ...

Empfänger   Eingangsvermerke

Ergebnisprotokoll zur Sitzung:

Vorsitzender: Telefon:

Protokollführer:

am (Wochentag)   Datum   von/bis   Ort/Raum

Tagesordnungspunkte:
1.
2.
3.
4.
5.

Teilnehmer (alphabetisch) Name und Dienststelle	Unterrichtete (alphabetisch) Name und Dienststelle
1.	1.
2.	2.
3.	3.
4.	4.
5.	5.
6.	6.
7.	7.
8.	8.

Ergebnisse:	Ausführender	Datum	Kontrolle
1.			
2.			
3.			

Ort, Datum   Unterschriften

                  N.N.   N.N.
                  Protokollführer   Vorsitzender

Vereinsprotokolle

Das Protokoll gehört zum unumstößlichen Ritus von Vereinssitzungen. Seine Abfassung ist meist dem Schriftführer (Schriftwart) vorbehalten. Da für derartige Sitzungen immer eine Tagesordnung vorliegt, bildet diese das Gerüst für den Aufbau des Protokolls. Vorangehen müssen die Feststellungen über Ort, Zeit und Besucher der Veranstaltung. Auch das Vereinsprotokoll wird gewöhnlich in der Gegenwartsform abgefaßt.

Muster: Protokoll einer Vorstandssitzung (Vereinsprotokoll)

(Briefkopf)

Protokoll

der Vorstandssitzung des Kleintierzüchtervereins

Vorsitzender:	Herr Zumptsch
Teilnehmer:	Frau Kehlbrand
	Frau Leibfried
	Herr Parker
	Herr Schienagel
	Herr Nüchtel
	Herr Zander
	Herr Böhm (entschuldigt)
	Frau Kippardt (unentschuldigt)
Ort:	Vereinszimmer
Datum:	15. 02. 19
Dauer:	18.15 – 20.15 Uhr
Tagesordnung:	1. Erhöhung der Mitgliedsbeiträge
	2. Sommerfest
	3. Aufnahme neuer Mitglieder
	4. Nächste Mitgliederversammlung
	5. Verschiedenes
Schriftführer:	Herr Schienagel

Der Vorsitzende eröffnet die Sitzung und stellt laut § 5 der Satzungen die Beschlußfähigkeit fest.

1. Erhöhung der Mitgliedsbeiträge

Der Kassenwart Herr Zander begründet seinen Antrag, die Beiträge vom 01. Juli 19.. auf 12 DM (statt bisher 8 DM) zu erhöhen (Grund: allgemeine Preissteigerung). Nach kurzer Aussprache wird der Antrag angenommen.

2. Sommerfest

Der Vorsitzende schlägt vor, das Sommerfest wie in den vergangenen Jahren in Rönnebeckers Garten zu veranstalten. Der Vorstand beschließt dies und beauftragt die Herren Nüchtel und Parker, auf der nächsten Vorstandsitzung Vorschläge zum Festverlauf vorzulegen, inzwischen aber über Einzelfragen mit dem Wirt von Rönnebeckers Garten zu verhandeln.

3. Aufnahme neuer Mitglieder

Da die Einspruchsfrist (§ 17 der Satzungen) ohne Einsprüche verstrichen ist, gelten die Herren Albert Müller, An der Salzhalde 24, und Werner Rogall, Breite Allee 44, als aufgenommen. Herr Schienagel als Schriftführer wird beauftragt, ihnen dies mitzuteilen.

4. Nächste Mitgliederversammlung

Der Vorsitzende erinnert daran, daß im April eine ordentliche Mitgliederversammlung stattfinden müsse. Er empfiehlt folgende Tagesordnung:

1. Bericht des Vorstands über das abgelaufene Vereinsjahr
2. Bericht der Kassenprüfer
3. Entlastung des Vorstands
4. Neuwahl des Vorstands
5. Verschiedenes

Als Termin wird der 23. April 19.. vorgeschlagen.

5. <u>Verschiedenes</u>
   Von Herrn Parker liegt ein schriftlicher Antrag vor, in Zukunft
   vierteljährliche Vorträge aus dem Mitgliederkreis zu veranstalten. Die Anregung soll auf die Tagungsordnung der Mitgliederversammlung gesetzt werden, die wie folgt geändert wird:

5. Antrag Parker
6. Verschiedenes

   Hierzu liegen keine Wortmeldungen vor.

Irgendwo, 15. 02. 19..

Angefertigt   Für die Richtigkeit

Baltus Schienagel   Hubert Zumptsch
Schriftführer   Vorsitzender

Übungsteil C

I. Formulieren Sie den folgenden Hauptteil eines ausführlichen Protokolls als Kurzprotokoll und als Ergebnisprotokoll.

Einziger Tagesordnungspunkt: Flugreisen nach Hamburg

Frau Reger   stellt fest, daß die wöchentlich einmal nach Hamburg verkehrende Werksmaschine durchschnittlich nur zu etwa 68 % ausgelastet sei. Nach Rücksprache mit der Abteilung Organisation sehe sie zwei Möglichkeiten zur Lösung des Problems: Man streiche den wöchentlichen Flug und versuche, die »Vielflieger« für Linienflüge zu gewinnen.

Herr Schnabel   vertritt die Ansicht, es sei unverantwortlich, eine seit 10 Jahren bestehende Flugmöglichkeit einzustellen. Die Wartezeiten bei Linienflügen und das häufige Streichen bei Nichtauslastung – insbesondere von Inlandflügen – sei Topmanagern nicht zuzumuten.

Herr Pfannstiel unterstützt Herrn Schnabel und bittet, Frau Richter von der Abteilung Organisation zu beauftragen, bis Mitte des Monats zu prüfen, wie die Flugverbindung nach Hamburg mit einer besseren Auslastung zu organisieren sei.

Ergebnis. Die Flugverbindung nach Hamburg wird vorläufig nicht gestrichen. Frau Richter soll bis Mitte des Monats prüfen, welche Möglichkeiten der besseren Auslastung der Flüge bestehen.

II. Verfassen Sie bitte ein ausführliches Protokoll (1) und ein Kurzprotokoll (2) über eine Besprechung der Geschäftsleitung der Rexrodt GmbH, Stuttgart.

Angaben zum Protokollrahmen:

Tagesordnung: 1. Umfrage wegen Einführung der flexiblen Arbeitszeit

2. Probleme der Realisierung
3. Termin der Einführung

Vorsitzender: Herr Kampen, Geschäftsleitung
Teilnehmer: Frau Diener, Betriebsratsvorsitzende
                     Herr Funke, Personalabteilung
                     Frau Polster, Personalabteilung (entschuldigt)

Protokollführung: Frau Stäblein

Ort: Konferenzraum
Tag: 15. 06. 19..
Zeit: 8.00 – 8.45 Uhr

Text der Besprechung:

Herr Kampen: Guten Morgen, Frau Diener, guten Morgen, Herr
Funke. Frau Polster kann wegen eines Todesfalls in der Familie an
dieser Besprechung nicht teilnehmen; sie hat sich für zwei Tage
beurlauben lassen. Ich wollte deshalb die Sitzung zunächst absagen,
denn Frau Polster war es ja, die den Anstoß zur Einführung der flexiblen Arbeitszeit in unserem Betrieb gegeben hat. In der letzten Sitzung hatte sie mit deutlicher Unterstützung des Betriebsrates eine
Umfrage unter den Betriebsangehörigen durchgesetzt, deren Ergebnis sie heute vortragen wollte. Da Herr Funke über die Unterlagen
verfügt und – wie er mir sagte – sich eine klare Mehrheit für die flexible Arbeitszeit ergeben hat, kann er stellvertretend für Frau Polster
das Ergebnis im einzelnen hier vortragen und erläutern.

Herr Funke: Zunächst stelle ich fest, daß in der letzten Sitzung ver-
einbart wurde, jeden Betriebsangehörigen zu fragen, ob er für oder
gegen die flexible Arbeitszeit sei. Für die einzelnen Abteilungen sollten außerdem Verhältniszahlen festgestellt werden. Es wurde schnell
deutlich, daß viele Mitarbeiter keine klare Vorstellung von den Vor-
teilen beziehungsweise von den Nachteilen der flexiblen Arbeitszeit
hatten. Den Befragten war es folglich nicht möglich, einfach ja oder
nein zu sagen, das heißt dafür oder dagegen zu sein. Deshalb hatte
Frau Polster ein Informationsblatt zusammengestellt, das als Entscheidungshilfe allen Betriebsangehörigen mit dem Fragebogen aus-
gehändigt wurde. Den Betriebsangehörigen wurde darin unter ande-

rem dargelegt, daß mit Hilfe der Gleitzeit früher oder später die starre Vollzeitnorm zugunsten von Arbeitszeitbandbreiten aufgelöst werden wird, innerhalb derer Mitarbeiterinnen und Mitarbeiter individuell ihre Arbeitszeit wählen können. Dies sei vor allem auch im Zusammenhang mit früher oder später einzuführenden tariflichen Arbeitszeitverkürzungen zu sehen.

Frau Diener: Hierzu möchte ich anmerken, daß dieses Informationsblatt von einigen Kollegen, und zwar besonders von den Gegnern der flexiblen Arbeitszeit, als unzulässige Beeinflussung aufgefaßt wurde, weswegen mir einige Beschwerden zugingen.

Herr Kampen: Das war mir bisher nicht bekannt! Doch sollten wir vielleicht darauf erst eingehen, wenn Herr Funke das Umfrageergebnis referiert hat.

Herr Funke: 158 Betriebsangehörige erhielten einen Fragebogen, sie waren also stimmberechtigt. 135 gaben den Fragebogen zurück. Davon sind 120 Mitarbeiter für die Einführung der flexiblen Arbeitszeit, 4 sind dagegen, und 11 sind mit beiden Formen der Arbeitszeitgestaltung einverstanden.

Frau Diener: Mit einem solchen Ergebnis hätte ich nicht gerechnet. Und damit können wir auch die Absicht der stufenweisen Einführung der flexiblen Arbeitszeit aufgeben, das heißt erst einmal in den Abteilungen zu beginnen, die sich für ihre Einführung ausgesprochen haben. Ich schlage vor, die flexible Arbeitszeit für den ganzen Betrieb in einem Zuge einzuführen.

Herr Kampen: Mir kommt das etwas überraschend – aber wenn die Entscheidung für die Einführung der flexiblen Arbeitszeit gefallen ist, dann sollten wir sie gleichzeitig einführen. Sind Sie damit einverstanden, daß wir den zunächst erwogenen Stufenplan fallenlassen? – Gut. Damit werden wir die flexible Arbeitszeit gleichzeitig im ganzen Betrieb einführen. – Damit kommen wir zum zweiten Punkt der Tagesordnung.

Frau Diener: Ich komme nochmals auf das vorhin erwähnte Informationsblatt zurück. Es war sinnvoll, Begriffe wie Gleitzeit und Kernarbeitszeit zu erläutern. Auch die Zeitvorschläge waren einleuchtend und verständnisfördernd.

Herr Kampen: In diesem Zusammenhang kann ich nicht mitreden, denn die in dem Informationsblatt vorgeschlagenen Zeiten sind mir nicht vollständig präsent.

Herr Funke: Unsere derzeitige Arbeitszeiteinteilung ist von 8 bis 17 Uhr. Die flexible Arbeitszeit könnte sich im Rahmen zwischen 7 und 18 Uhr bewegen. Die Kernarbeitszeit mit Anwesenheitspflicht könnte um 9 Uhr beginnen und montags bis donnerstags um 15.30 Uhr und freitags um 14.30 Uhr enden. Ansonsten würde die Gleitzeitregelung gelten – also von 7 bis 9 Uhr und von 15.30 Uhr beziehungsweise 14.30 Uhr bis 18 Uhr.

Herr Kampen: Sind damit nicht Schwierigkeiten im Schreibdienst programmiert? Wenn beispielsweise nach 15.30 Uhr beziehungsweise 14.30 an einem Freitag noch etwas Eiliges geschrieben werden muß und alle Damen – das ist zumindest denkbar – bereits das Haus verlassen haben – was ist dann?

Herr Funke: Ihr Beispiel ist zwar denkbar, doch warum sollten alle Mitarbeiterinnen des Schreibdienstes nach 15.30 Uhr beziehungsweise 14.30 Uhr nicht mehr da sein. Sicher läßt sich da eine Regelung finden. Solche Fälle sind doch bisher immer – und sei es durch Überstunden – gelöst worden. Ich denke, wir können uns in diesem Falle auf die Kooperation unserer Mitarbeiterinnen verlassen. Zudem bietet die Gleitzeitregelung gerade innerhalb des Schreibdienstes die Möglichkeit, probeweise überlappende Arbeitszeitregelungen einzuführen. Darunter verstehe ich, daß die Mitarbeiterinnen die individuelle Länge der Kernarbeitszeit wählen können, um dadurch in Kombination mit ihren Kolleginnen zu einer höheren Betriebszeit zu gelangen. So hat etwa Mitarbeiterin A eine Kernarbeitszeit von 7 bis 14 Uhr, während Mitarbeiterin B ihre Kernarbeitszeit von 14 bis 18 Uhr hat. Aber hierüber sollten wir im Detail zu einem anderen Zeitpunkt sprechen.

Frau Diener: Also bezüglich der Kernarbeitszeit – und darum geht es wohl hier und jetzt – geht die Diskussion aber in eine Richtung, die mir nicht gefällt. Frau Polster hat zwar in dem mehrfach erwähnten Informationsblatt die Begriffe Kernarbeitszeit und Gleitzeit an einem Beispiel erklärt. Aber es wurde doch nicht mit dem Fragebogen zugleich über die Einführung der lediglich als Beispiel genannten Zeiten abgestimmt. Ich denke, daß wir zunächst einmal über verschiedene Zeiteinteilungen diskutieren sollten, bevor wir uns mit Problemen befassen, die einzelne Bereiche wie den Schreibdienst – betreffen. Im übrigen sollten wir Überstunden gerade in der gegenwärtigen Situation keinesfalls einkalkulieren!

Herr Funke: Ich finde, daß die von Frau Polster angeführten Zeiten einen brauchbaren Vorschlag darstellen, wie Sie ja, Frau Diener, selbst festgestellt haben. Deshalb sollten wir diese Zeiteinteilung erst einmal erproben, bevor wir über eine andere nachdenken. Im übrigen wird die zur Diskussion stehende Zeiteinteilung in zahlreichen Betrieben mit flexibler Arbeitszeit seit langem praktiziert. Entsprechende positive Erfahrungen sollte man nicht einfach ignorieren. Zumindest könnten wir mit dieser Zeiteinteilung in die flexible Arbeitszeit einsteigen und sie probeweise für drei bis vier Monate testen.

Herr Kampen: Ich bin Ihrer Meinung, Herr Funke. Mit dieser Zeiteinteilung sollten wird probeweise beginnen. Falls notwendig, können wir die Sache nach drei bis vier Monaten überdenken. Dann können wir uns immer noch für eine andere Zeiteinteilung entscheiden.

Frau Diener: Wenn damit keine endgültige Entscheidung verbunden ist, bin ich einverstanden.

Herr Kampen: Nun kommen wir noch zu einem organisatorischen Aspekt, nämlich zur Arbeitszeitkontrolle. Ich halte den Einsatz eines automatischen Zeiterfassungssystems für die beste und einfachste Methode, mit dem auch das monatliche Zuviel und Zuwenig sowie die in einigen Bereichen immer noch praktizierten Überstunden erfaßt und abgerechnet werden können.

Frau Diener: Damit kann ich mich absolut nicht einverstanden erklären. Ein solches System würde das Arbeitsklima negativ beeinflussen. Stellen Sie sich vor, daß unsere Kolleginnen und Kollegen plötzlich – sagen wir es doch ganz offen – durch eine »Stechuhr« überwacht werden. Es genügt sicher, wenn jeder Mitarbeiter seine eigene Anwesenheitsliste führt, die täglich oder wöchentlich vom Abteilungsleiter abgezeichnet werden kann.

Herr Funke: Und Sie glauben, daß derartige Anwesenheitslisten eine gerechte Kontrolle ermöglichen? Ich denke, eine automatische Zeiterfassung ist bei flexibler Arbeitszeit die beste Lösung. Im übrigen hat es bei der Firma Stricker & Co., bei der ich – wie Sie wissen – mehrere Jahre mit flexibler Arbeitszeitregelung gearbeitet habe, in dieser Richtung überhaupt keine Probleme gegeben.

Frau Diener: Lieber Herr Funke, ich kenne doch die Reaktionen meiner Kollegen. Ihre Argumente überzeugen mich nicht. Deshalb kann ich einer automatischen Zeitkontrolle auf keinen Fall zustimmen.

Herr Kampen: Ich nehme also zur Kenntnis, daß Sie die Zeiterfassung per Zeiterfassungssystem oder, wie es auch heißt, per Zeitcomputer nicht akzeptieren. Das werden wir ausdrücklich im Protokoll vermerken. Nach meiner Auffassung führt jedoch kein Weg an einer automatischen Zeiterfassung vorbei. Selbst in baden-württembergischen Amtsstuben hat man sich gegenüber der Einführung der »Stechuhr« aufgeschlossen gezeigt! – Damit kommen wir zum letzten Punkt der Tagesordnung. Ich schlage vor, mit der flexiblen Arbeitszeit nach den Betriebsferien, also am 15. August zu beginnen.

Frau Diener: Einverstanden.

Herr Funke: Ja, der Termin ist o.k.

Herr Kampen: Hinsichtlich des Einführungstermins der flexiblen Arbeitszeit ist mithin Einstimmigkeit festzuhalten. – Damit sind wir am Ende. Vielen Dank für Ihre Aufmerksamkeit.

Die Lösungen

Aufgabe I

– Kurzprotokoll (Lösungsvorschlag)

Die wöchentlichen Flüge der Werksmaschine nach Hamburg sind nicht ausreichend ausgelastet. Die Frage ist, ob die Flüge einzustellen sind. Da die Benutzung von Linienflügen wegen der involvierten Unsicherheiten für die Flieger unzumutbar ist, müssen Möglichkeiten der besseren Auslastung gefunden werden.

Ergebnis. Die Flugverbindung nach Hamburg wird vorläufig weiter durchgeführt. Frau Richter soll bis Mitte des Monats prüfen, welche Möglichkeiten der besseren Auslastung der Flüge bestehen.

– Ergebnisprotokoll (Lösungsvorschlag)

Ergebnis. Die Flugverbindung nach Hamburg wird vorläufig nicht gestrichen. Frau Richter soll bis Mitte des Monats prüfen, welche Möglichkeiten der besseren Auslastung der Flüge bestehen.

Aufgabe II

1) Ausführliches Protokoll

(Briefkopf)

.

.

.

.

P r o t o k o l l

.

über eine Besprechung mit der Geschäftsleitung

.

.

Vorsitzender	Herr Kampen, Geschäftsleitung
Teilnehmer	Frau Diener, Betriebsratsvorsitzende
	Herr Funke, Personalabteilung
	Frau Polster, Personalabteilung (entschuldigt)
Protokollführung	Frau Stäblein

.

Ort	Konferenzraum
Tag	15. 06. 19..
Zeit	8.00 – 8.45 Uhr

.

Tagesordnung 1. Umfrage wegen Einführung der flexiblen Arbeitszeit
              2. Probleme der Realisierung
              3. Termin der Einführung

.

.

1. Umfrage wegen Einführung der flexiblen Arbeitszeit

Herr Kampen   entschuldigt Frau Polster, die aus privaten Gründen
nicht teilnehmen kann. Herr Funke wird deshalb das
Ergebnis der Umfrage vortragen und erläutern.

Herr Funke   erwähnt, daß neben dem Fragebogen ein Informationsblatt als Entscheidungshilfe an alle Betriebsangehörigen verteilt wurde, welches – wie Frau Diener
behauptet – teilweise als unzulässige Beeinflussung
verstanden worden ist.

Ergebnis der Umfrage:

Von 158 verteilten Fragebogen kamen 135 zurück.

120 Betriebsangehörige stimmten für die Einführung
der flexiblen Arbeitszeit,

  4 Betriebsangehörige stimmten gegen die Einführung der flexiblen Arbeitszeit,

11 Betriebsangehörige waren mit beiden Formen
der Arbeitszeit einverstanden.

Frau Diener   schlägt wegen der breiten Zustimmung vor, die flexible Arbeitszeit im ganzen Betrieb gleichzeitig einzuführen und nicht wie ursprünglich vorgesehen stufenweise vorzugehen.

Ergebnis. Die Teilnehmer stimmen für die gleichzeitige Einführung der
flexiblen Arbeitszeit im ganzen Betrieb.

2. Probleme der Realisierung

Herr Funke   erläutert die Begriffe Kernarbeits- und Gleitzeit.

Entsprechend der Angaben in dem erwähnten Informationsblatt könnte die Kernarbeitszeit, das heißt
Anwesenheitspflicht, montags bis donnerstags auf
9.00 – 15.30 Uhr und freitags auf 9.00 – 14.30 Uhr
festgelegt werden. Als Gleitzeiten kämen 7.00 – 9.00
Uhr und 15.30 Uhr beziehungsweise 14.30 bis 18.00
Uhr in Frage.

Herr Kampen   sieht dabei Schwierigkeiten im Schreibdienst, weil

nach 15.30 Uhr montags bis donnerstags beziehungsweise 14.30 Uhr freitags für unvorhergesehene Arbeiten möglicherweise keine Mitarbeiterin anzutreffen
sei.

Herr Funke · entkräftet diesen Einwand, denn man könne nicht
davon ausgehen, daß nach 15.30 beziehungsweise
14.30 Uhr der Schreibdienst unbesetzt sei. Zudem
habe man ähnliche Situationen bisher zum Beispiel
durch Überstunden geregelt.

Frau Diener · will nicht von der in dem Informationsblatt beispiel-
haft erwähnten Zeiteinteilung ausgehen und schlägt
vor, verschiedene Zeiteinteilungen zu diskutieren.

Herr Funke · weist auf die Praktizierung der referierten Zeiteinteilung in zahlreichen Betrieben hin. Auch könne man
drei bis vier Monate probeweise so verfahren, womit
auch Herr Kampen und Frau Diener einverstanden
sind.

Herr Kampen · plädiert für die Einführung eines automatischen Zeiterfassungssystems zur Zeiterfassung und -berech-
nung.

Frau Diener · lehnt ein Zeiterfassungssystem in Form einer »Stechuhr« ab. Jeder Mitarbeiter solle eine eigene Anwesenheitsliste führen, die gegebenenfalls vom Abteilungsleiter abgezeichnet werden könne.

Herr Funke · sieht in der automatischen Zeiterfasssung eine ad-
äquate Lösung bei der Umstellung auf flexible
Arbeitszeit.

Herr Kampen · hält schließlich am Einsatz eines automatischen Zeiterfassungssystems fest.

Ergebnis

1. Für drei bis vier Monate wird probeweise folgende Zeiteinteilung bei
der Einführung der flexiblen Arbeitszeit festgelegt:
7.00 – 9.00 Uhr Gleitzeit
9.00 – 15.30 Uhr Kernarbeitszeit (Anwesenheitspflicht) (montags –
donnerstags)
9.00 – 14.30 Uhr Kernarbeitszeit (Anwesenheitspflicht) (freitags)
15.30 (14.30) – 18.00 Uhr Gleitzeit

2. Für die Zeiterfassung und -berechnung ist ein automatisches Zeiterfassungssystem vorgesehen, allerdings gegen die Stimme von Frau
Diener.

3. Als Termin für die Einführung der flexiblen Arbeitszeit wird einstimmig der 15. August 19.. festgelegt.

.

.

Stuttgart, 15.06.19..

Angefertigt   Für die Richtigkeit

.

.

Ilona Stäblein   Johann Kampen
Protokollführung Vorsitzender

2) Kurzprotokoll

(Briefkopf)

.

.

.

.

P r o t o k o l l

.

Vorsitzender	Herr Kampen, Geschäftsleitung
Teilnehmer	Frau Diener, Betriebsratsvorsitzende
	Herr Funke, Personalabteilung
	Frau Polster, Personalabteilung (entschuldigt)
Protokollführung	Frau Stäblein

.

Ort	Konferenzraum
Tag	15.06.19..
Zeit	8.00 – 8.15 Uhr

.

Tagesordnung	1. Umfrage wegen Einführung der flexiblen Arbeits-
zeit

2. Probleme der Realisierung
3. Termin der Einführung

.
.

1. Umfrage wegen Einführung der flexiblen Arbeitszeit
.

Von 158 an die Belegschaft verteilten Fragebogen zur Einführung der flexiblen Arbeitszeit kamen 135 zurück. Die Umfrage ergab folgendes Ergebnis:

- 120 Betriebsangehörige stimmten für die Einführung der flexiblen Arbeitszeit,
- 4 Betriebsangehörige stimmten gegen die Einführung der flexiblen Arbeitszeit,
- 11 Betriebsangehörige waren mit beiden Formen der Arbeitszeit einverstanden.

Aufgrund der breiten Zustimmung bei der Belegschaft wird die flexible Arbeitszeit nicht erst stufenweise, sondern im ganzen Betrieb gleichzeitig eingeführt.

Ergebnis. Die Teilnehmer stimmen für die gleichzeitige Einführung der flexiblen Arbeitszeit im ganzen Betrieb.

.
.

2. Probleme der Realisierung

Da sich die in dem Informationsblatt zur flexiblen Arbeitszeit, das gleichzeitig mit dem Fragebogen verteilt wurde, erwähnte Kernarbeitszeit (Anwesenheitspflicht Montag bis Donnerstag von 9.00 – 15.30 Uhr beziehungsweise Freitag von 9.00 – 14.30 Uhr) und Gleitzeit (7.00 – 9.00 Uhr, Montag bis Donnerstag 15.30 – 18.00 Uhr, Freitag 14.30 – 18.00 Uhr) in anderen Betrieben bewährt haben, sollen sie zunächst probeweise für drei bis vier Monate getestet werden.

Die Arbeitszeitkontrolle bei Einführung der flexiblen Arbeitszeit erfolgt (gegen die Stimme von Frau Diener) mit Hilfe eines automatischen Zeiterfassungssystems.

Ergebnis
1. Für drei bis vier Monate wird probeweise folgende Zeiteinteilung bei der Einführung der flexiblen Arbeitszeit festgelegt:
   7.00 – 9.00 Uhr Gleitzeit
   9.00 – 15.30 Uhr Kernarbeitszeit (Anwesenheitspflicht) (montags – donnerstags)

9.00 – 14.30 Uhr Kernarbeitszeit (Anwesenheitspflicht) (freitags) 15.30 (14.30) – 18.00 Uhr Gleitzeit

2. Für die Zeiterfassung und -berechnung ist ein automatisches Zeiterfassungssystem vorgesehen, allerdings gegen die Stimme von Frau Diener.

3. Als Termin für die Einführung der flexiblen Arbeitszeit wird einstimmig der 15. August 19.. festgelegt.

.
.

Stuttgart, 15. 06. 19..

.

Angefertigt   Für die Richtigkeit

.
.

Ilona Stäblein   Johann Kampen
Protokollführung   Vorsitzender

Telefon- und Aktennotizen

Neben Protokollen, Mitteilungen, Betriebsanweisungen, Rundschreiben usw. gehören auch Telefon- und Aktennotizen zum internen Schriftverkehr zwischen einzelnen Abteilungen. Sie haben eine mit Protokollen vergleichbare Funktion: Es werden Informationen weitergeleitet oder Anordnungen getroffen, nach denen sich die Mitarbeiter richten müssen. Deshalb ist es besonders wichtig, daß Form und Inhalt dem jeweiligen Zweck entsprechen.

Beim internen Schriftverkehr verzichtet man meistens auf Anrede und Gruß. Es muß aber eindeutig zu erkennen sein, von wem das Schriftstück verfaßt und an wen es verteilt wurde.

Zu den Aktennotizen im weiteren Sinne zählen auch Reiseberichte, Messeberichte, Notizen über besuchte Veranstaltungen und Seminare u. ä.

Weiterleitung von Informationen

Bei der täglichen Arbeit in einem Sekretariat (oder auch in anderen Bereichen oder Dienststellen) erreichen Sie oft telefonische Anfragen, oder es sprechen Besucher vor, wenn Ihr Chef nicht anwesend ist. Über solche Telefonate oder Gespräche bei Besuchen wird ein Vermerk angelegt. Ein Vermerk dient nicht nur als eigene Gedächtnisstütze, sondern auch der Information von Mitarbeitern oder Vorgesetzten. Gegebenenfalls werden Folgerungen aus dem Gespräch oder dem Besuch gezogen und weitere Maßnahmen eingeleitet. Fällt dieser Vermerk kurz aus, spricht man von einer Telefon- oder Gesprächsnotiz. Bei längeren Texten spricht man von Aktennotizen oder Aktenvermerken. Diese Bezeichnungen werden nicht einheitlich verwendet.

Telefon- und Aktennotizen sollten übersichtlich strukturiert sein. Sie sollten kurz, präzise und klar im Ausdruck sein, wobei oft eine stichwortartige Aufzeichnung ausreicht. Anhand einer logischen Gliederung des Textes werden die Kerngedanken rascher sichtbar.

Für die verschiedenen Notizen (Telefonnotizen, Gesprächsnotizen, Aktennotizen und Besuchernotizen) sind Formulare entwickelt worden, die Sie besonders effektiv einsetzen, wenn Sie Kurzschrift als Notizschrift verwenden. Voraussetzung ist natürlich, daß Ihre Kollegen diese lesen können.

Die Telefonnotiz (Gesprächsnotiz)

Der Mitarbeiter hält jeden Anruf, der auch für andere von Belang ist, in einer Telefonnotiz fest. Nicht nur Anrufe, die den Chef interessieren, sind Gegenstand einer solchen Notiz, sondern auch die Gespräche, die dieser selbst führt.

Telefon- beziehungsweise Gesprächsnotizen sind
- prägnant formuliert,
- sachbezogen,
- überschaubar gegliedert.

Als Betreff enthalten sie einen Kerngedanken. In jedem Falle sollte der Telefonanschluß des Anrufers notiert werden.

Eine Telefonnotiz schreibt man (im allgemeinen maschinenschriftlich) formlos auf einen Briefbogen DIN A4 oder auf einem speziellen Vordruck.

Verwenden Sie für kürzere Gesprächsnotizen das Format DIN A5 (sofern in Ihrer Firma keine hausinternen Formulare eingeführt sind). Die Angaben zu den Leitwörtern des Notizrahmens können auf Grad 30 beginnen. Termine werden durch »T« (auf Grad 8) gekennzeichnet.

Muster einer Telefonnotiz

Telefonnotiz

Abteilung...
Tag/Zeit: ..., ... Uhr
Gesprächspartner: Frau/Herr...
                         Firmenname,
                         Straße, PLZ, Ort
                         Telefonnummer
Anruf für: Frau/Herrn ...
Aufgenommen von: Zuname

Betreff: Reklamation wegen Modell 3777

Inhalt: 1. Bei 6 von 15 installierten Diktiergeräten
                            klemmt der Rücklaufschalter.
                         2. Frage, ob Reparatur durch einen Kun-
                            dendienst am Ort erfolgen kann.

Bereits veranlaßt: ...

Noch zu veranlassen: ...

(Unterschrift)

Verteiler
Dr. ...
Einkauf
Kundendienst

Erledigungsvermerk:

Muster einer Gesprächsnotiz

(Briefkopf)   (Datum)

(Grad 30)
Gesprächsnotiz

Betreff: Betriebsferien der Hauptverwaltung (HV)
                    und der Zweigwerke (ZW) IV und IX

Zeit: 03. 02. 19 . . , 15.30 Uhr
                    HV, Zimmer 204

Teilnehmer: Dr. Sallmann
                    Frau Stetter
                    Herr Zimmermann

Gesprächsergebnis:

Die HV macht vom 22. 07. bis 31. 08. 19 . . Betriebsferien.
Die Betriebsferien für ZW IV und IX werden noch geregelt.
Den anderen ZW bleibt es überlassen, wann sie Betriebsferien
T machen. Termin an HV bis 22. 04. 19 . .

Weitere Maßnahmen:

1. Rundschreiben an alle ZW (Herr Whyler)

2. Gedruckte Mitteilung an Kunden ab 01. 05. . . allen Sen-
   dungen beifügen lassen (Herr Whyler)

T 3. Vereinbarungen mit ZW IV und IX bis 15. 02. . . treffen
   (Dr. Brokkmann)

(Unterschrift)

Verteiler
An alle Teilnehmer

Wie Sie sehen, sind Telefon- beziehungsweise Gesprächsnotizen nichts anderes als Kleinformen des Protokolls. Im Aufbau gibt es Übereinstimmungen, auch der Zweck ist vergleichbar.

Die Aktennotiz (Aktenvermerk)

Wenn entweder innerbetriebliche Vorgänge oder auch Besprechungsergebnisse, umfangreiche Telefongespräche, Eindrücke und Ergebnisse von Reisen, Besuchen und Veranstaltungen schriftlich festgehalten werden müssen, spricht man von einer Aktennotiz. Werden neben dem Gesprächsergebnis weitere Überlegungen, Eindrücke, Argumente u. ä. festgehalten, spricht man von einem Aktenvermerk.

Die Aktennotiz ist eigentlich auch nichts anderes als ein kleines Protokoll, in dem man stichwortartig auszugsweise Dinge notiert, die nicht in Vergessenheit geraten dürfen. Aktennotizen werden entweder für den eigenen Arbeitsbereich erstellt, oder man wird zu kurzen Besprechungen hinzugezogen und soll alles Wesentliche (stenographisch) festhalten. Wenn es sich um größere Sitzungen und Tagungen handelt, empfiehlt es sich jedoch, ein ordnungsgemäßes Protokoll anzufertigen.

In den meisten Fällen werden Aktennotizen inhaltlich sehr knapp gehalten. Für diese Fälle wird es zeitsparend und einfacher sein, entsprechende Vordrucke anzufertigen, die gegebenenfalls mangels einer Schreibkraft auch handschriftlich ausgefüllt werden können.

Bei Aktennotizen sind weniger formale Anforderungen zu beachten als bei Protokollen. Protokolle informieren alle Teilnehmer und Interessenten objektiv und unparteiisch in dem jeweils angemessenen Umfang über eine Besprechung. Aktennotizen können dagegen nur für den eigenen Bedarf oder für einen eingeschränkten Teilnehmerkreis bestimmt sein. Sie können auch subjektive Eindrücke festhalten, Vorschläge für weitere Maßnahmen usw.

Gemeinsam formulierte Aktennotizen

Mitunter wird eine Aktennotiz gemeinsam von einigen Teilnehmern einer zwanglosen Besprechung formuliert. Diese Aktennotizen sollten von allen Teilnehmern unterschrieben werden. Sie können individuell mit weiteren Hinweisen ergänzt werden. Rechtlich verbindlich sind nur die Teile einer Aktennotiz, die von allen Beteiligten durch Unterschrift anerkannt werden.

Aktennotizen dienen dazu

- das Ergebnis einer Diskussion, eines Gesprächs, einer Besprechung oder einer Verhandlung kurz festzuhalten und aktenkundig zu machen,
- einen Vorgang zusammenzufassen, um den Überblick zu erleichtern und anderen, die bei dem Gespräch nicht dabei waren, in knapper Form die Ergebnisse mitzuteilen,
- Informationslücken hinsichtlich eines Geschäftsablaufs zu schließen,
- Ansichten und Fakten festzuhalten,
- einen bestimmten Teilnehmerkreis (möglicherweise vertraulich) zu informieren,
- Schlußfolgerungen, Vorschläge, Anweisungen u. ä. weiterzugeben.

Aktennotizen werden meistens im Präteritum (Vergangenheit) geschrieben: Nachträglich berichtet der Verfasser das, woran er sich erinnert. Der Sitzungsverlauf wird aus einer gewissen Distanz wiedergegeben. Deshalb wirkt eine Aktennotiz auch unverbindlich, der Leser fühlt sich nicht in die Situation einbezogen. Die Rückschau vom Präteritum erfordert ein Plusquamperfekt (vollendete Vergangenheit) und die Vorschau ein Konditional (Bedingungsform):

Auf Frau Dörings Einwand, die Geschäftsleitung hätte erklärt, sie könne die Autofahrer nicht zwingen, ihre Autos abzumelden, versicherte . . .

Herr Börner versprach, er würde die Angelegenheit überprüfen.

Herr Pfeiffer stellte fest, daß alle Mitglieder gekommen waren, obgleich der Termin einigen nicht gepaßt hätte.

Aktennotizen sind Grundlage und Information für die weitere Bearbeitung eines Vorgangs, sie dienen mitunter als Beweismittel für spätere Handlungen oder bei Meinungsverschiedenheiten, haben aber keine Rechtskraft.

Der Aktennotizrahmen

Es ist zweckmäßig, Aktennotizen einheitlich zu gliedern.

Eine Aktennotiz sollte auf die folgenden Fragen Antwort geben:

Wer hat mit **wem, wann, wo, worüber, wie** gesprochen?

Ferner muß aus einer Aktennotiz erkennbar sein, *wer* sie geschrieben hat, *wann* sie angefertigt wurde, *welche Konsequenzen oder Aufgaben* sich für den Verfasser oder einen anderen Empfänger ergeben und *was* mit der Aktennotiz geschehen soll.

Daraus ergibt sich für die Aktennotiz folgender Aufbau:

- Betreff (Gegenstand, Thema),
- Angabe des Ortes, des Datums, der Zeit und der Dauer,
- Teilnehmer,
- Inhalt der Besprechung o. ä. (Vereinbarungen und Ergebnisse zusammenfassen),
- Auswertung (Folgerungen festhalten),
- Unterschrift,
- Verteiler (Empfänger bestimmen),
- Erledigungsvermerk.

Muster einer Aktennotiz

(Briefkopf)   (Datum)

AKTENNOTIZ

Lieferbedingungen für Vervielfältigungsautomaten

Teilnehmer: Herr Wurm, Geschäftsleiter
                         Herr Müller, Abt. Organisation
                         Herr Dobermann, Abt. Organisation
                         Frau Toner, Schreibdienstleitung

Am 14. 03. 19.., 10.30 bis 10.45 Uhr, fand im Konferenzzimmer unter Vorsitz von Herrn Wurm eine Besprechung über die Lieferbedingungen für Kopierautomaten statt.

Herr Dobermann schilderte unter anderem die schwierige Lage des Betriebes, die es nicht gestattet, die Lieferfristen von 6 auf 3 Wochen zu verkürzen.

Herr Müller war dagegen der Meinung, daß mit der Fertigstellung der neuen Werkstatt am Ende des Monats eine Erleichterung der Produktion eintreten werde und bis spätestens 30. 09. 19.. eine dreiwöchige Lieferfrist zu erreichen sein wird.

Alle Teilnehmer schlossen sich dieser Ansicht an.

Für die Richtigkeit

(Unterschrift)

Verteiler
An alle Teilnehmer
Herr Luft, Produktionsleiter

Anlagen
1 statistische Aufstellung

Erledigungsvermerk:

Muster: Formular für eine Aktennotiz

Abt. _____

AKTENNOTIZ

Tag der Besprechung:	
Betreff:	
Gesprächspartner:	
Gesprächsinhalt:	
Erledigungsvermerke:	
Datum:	
Aufgenommen von:	
Verteiler	Anlagen

Vermeiden Sie Fehler

Es kommt darauf an, daß der Schreiber einer (Telefon- oder) Aktennotiz nur das festhält, was wichtig ist, und den Aufbau so übersichtlich wie möglich gestaltet. Typische Fehler, gleichgültig, ob die Aktennotiz die Ergebnisse eines persönlichen Gesprächs oder eines Telefongesprächs festhält, sind:

1. Die Angaben sind unvollständig.
   Es fehlen Details, die der Leser der Aktennotiz – zum Beispiel der Chef oder ein anderer Mitarbeiter – unbedingt wissen muß, um im gegebenen Fall richtig und rasch reagieren zu können.

2. Die Angaben sind unübersichtlich.
   Der Leser einer Aktennotiz will auf einen Blick das Wesentliche erfassen.

3. Die Aktennotiz ist unverständlich.
   Wer eine Aktennotiz schreibt, muß sich in die Lage des möglichen Lesers versetzen, der bei dem stattgefundenen Gespräch nicht teilgenommen hat. Eine Aktennotiz soll ohne Rückfragen verständlich sein. Der Verfasser muß sich trotz der gebotenen Kürze präzise ausdrücken.

4. Das Ziel der Aktennotiz ist nicht erkennbar.
   Der Leser muß sofort erfassen, was die vorliegende Notiz bezweckt: Ist sie eine bloße Information? Muß zu einem bestimmten Zeitpunkt etwas erledigt werden? Kann der Adressat allein handeln, oder ist eine Absprache mit anderen Mitarbeitern notwendig? Ist die Angelegenheit wichtig?

Entsprechende Informationen sollten die Überschrift oder der deutlich abgesetzte Schlußteil dem Leser vermitteln. Zur Vorlage der Aktennotiz gehören auch Unterlagen, die für die entsprechende Bearbeitung notwendig sind.

Übungsteil D

I. Erstellen Sie anhand des folgenden Telefongesprächs eine Telefonnotiz.

Abteilung Vertrieb

24. 06. 19.. , 11.15 Uhr

Herr Vlach (V): Russeck KG, Vlach, guten Tag.

Herr Sichtermann (S): Guten Tag, Herr Vlach, hier spricht Sichtermann. Ich rufe aus Fürstenwalde an. Herr Konrad ist wohl nicht zu sprechen?

V: Leider nein, aber hat es mit den Aufträgen geklappt?

S: Ja, 15 Aufträge über Postausgangsmaschinen, Modell 4, habe ich im Raum Brandenburg bekommen. Die habe ich Ihnen aber schon mit der Post geschickt. Es gibt da noch ein paar andere Dinge, die sehr eilig sind. Deshalb rufe ich auch an.

V: Nun schießen Sie mal los. Ich mache mir Notizen.

S: Da ist zunächst einmal die Reklamation der Büroorganisation Ranke in Potsdam. Allmählich wird man dort deswegen ungehalten, weil immer noch das Ersatzteil XYZ 007 für die Abfertigung in der Postausgangsstelle fehlt.

V: Oh, gut, daß Sie mich daran erinnern. Ich muß da ja unbedingt nachhaken. Geht noch heute 'raus, das Ersatzteil. Als Schnelllieferung mit DPD.

S: Gut. Sehr gut. Ich hatte schon befürchtet, die Firma Ranke als Kunden zu verlieren. Die Sache wäre also erledigt. Ich kann mich doch auf Sie verlassen? Es gibt da allerdings noch eine Beschwerde...

V: Ich höre.

S: Das Bekleidungshaus Johan Kampala in Finsterwalde hat doch Anfang des Jahres eine Frankiermaschine von uns bekommen. Die haben damit ständig Probleme. Die Maschine ist nicht einwandfrei.

V: Am besten Sie rufen gleich von Fürstenwalde aus unseren Berliner Kundendienst in Köpenick an. Sprechen Sie mit Herrn Waldmann. Der ist zuständig. Er kann sich darum kümmern und die Sache noch in dieser Woche in Ordnung bringen.

S: Okay. Erledige ich.

V: Gibt es noch etwas Erfreuliches?

S: Sicher. Die Bürotechnik Warner in Cottbus hat großes Interesse an unseren Falzmaschinen. Könnten Sie bitte die Ausarbeitung eines Angebots veranlassen? Ganz allgemein, ohne spezifische Angaben.

V: Natürlich. Ich kümmere mich sofort darum. Glauben Sie tatsächlich, daß wir Warner als neuen Kunden gewinnen können?

S: Ich habe jedenfalls den Eindruck, daß sie an uns als Lieferanten gedacht haben. Sicher wäre es angezeigt, ein »Bonbon« in das Angebot einzuarbeiten.

V: Gute Idee. Überlege ich mir mal. Was haben Sie in der nächsten Woche vor? Welche Route? Welche Kunden wollen Sie besuchen?

S: Als nächstes ist der Raum um Potsdam dran – Schwerpunkt Süden.

V: Bitte melden Sie sich von dort. Faxen Sie mich an, falls es etwas Besonderes gibt.

S: Selbstverständlich, Herr Vlach.

V: Wann kommen Sie wieder mal hierher? Übernächste Woche? Das Schachturnier steht doch bevor. Wir sollten mal wieder eine Partie spielen.

S: Daran habe ich auch schon gedacht. In zwei Wochen bin ich dort und komme zu Ihnen ins Office.

V: Freue mich auf Ihren Besuch – und auf die Schachpartie!

S: Ganz meinerseits. Ich freue mich auch. Auf Wiedersehen!

V: Auf Wiedersehen, Herr Sichtermann.

**II. Halten Sie die dargestellte Kurzbesprechung in einer Akten-
notiz fest.**

27. 09. 19 . . , 9.30 Uhr, Zimmer von Herrn Gödel, Abteilungsleiter;
anwesend sind ferner zwei Sachbearbeiter.

Herr Gödel: Worum es geht, das ist unsere Präsentation beim
                 Kunden. Frau Säger hat mich darauf aufmerksam
                 gemacht, daß unsere schriftliche Präsentation beim
                 Kunden in regelmäßigen Abständen zu wünschen
                 übrig läßt. Woran, denken Sie, liegt es? Herr
                 Brecht?

Herr Brecht: Es liegt auf alle Fälle nicht an unserer Art, Texte zu
                 gestalten. Wie ich Ihnen anhand einiger Beispiele
                 gezeigt habe, beachten wir alle nötigen Formalien
                 und haben darüber hinaus bereits kreative Verbes-
                 serungen vorgenommen.

Frau Niemöller: Also, das kann ich auf alle Fälle bestätigen. Den
                 Briefen, Konzepten und Angeboten liegt ein saube-
                 rer Aufbau zugrunde . . .

Herr Brecht: Vielen Dank, Frau Niemöller. Meines Erachtens
                 liegt das Problem in der Übertragung der Texte von
                 unseren Terminals zu den Empfangsgeräten unserer
                 Kunden.

Herr Gödel: Sehen Sie das auch so, Frau Niemöller?

Frau Niemöller: Darauf bin ich noch gar nicht gekommen. Aber es
                 stimmt. Immer wenn die Rechenzeit unseres Groß-
                 rechners in die Datenübertragungen fällt, tauchen
                 die Lesbarkeitsprobleme bei den Kunden auf!

Herr Gödel: Das sollten wir überprüfen lassen. Frau Niemöller,
                 bitte schreiben Sie eine Aktennotiz. Verteiler: Frau
                 Säger, Hauptabteilungsleiterin, Herr Schwarz, Re-
                 chenabteilung, und Herr Düsel, technischer Leiter.
                 Wir bitten um baldige Behebung des Fehlers. Alle
                 Geräte sollten getestet werden. Legen Sie bitte
                 Kopien der richtig gestalteten Texte bei.

Die Lösungen

Aufgabe I

Telefonnotiz

Tag/Zeit: 24. 06. 19 . . , 11.15 Uhr
Anrufer: Herr Sichtermann (z. Zt. Fürstenwalde)
Anruf für: Herrn Konrad, Vertrieb
                   Aufgenommen von Vlach
Betreff: Verkaufsbezirk Brandenburg, Abteilung Vertrieb

Inhalt:

1. Aus Brandenburg 15 Aufträge über PA-Maschinen. Mod. 4, soeben
   an uns abgesandt.
2. Büroorganisation Ranke in Potsdam reklamiert wegen Ersatzteil XYZ
   007.
3. Bekleidungshaus Johan Kampala, Finsterwalde, reklamiert die Anfang des Jahres gelieferte Frankiermaschine.
   Mein Vorschlag: Herr Sichtermann soll KD in Köpenick mit Erledigung beziehungsweise Reparatur beauftragen.
4. Bürotechnik Warner, Cottbus, erwartet unser Angebot über Falzma
   schinen.
5. Route Sichtermann für 36. KW: Potsdam (Schwerpunkt Süden).

Weitere Maßnahmen:

zu 2. Ersatzteil noch heute absenden (DPD, Schnellieferung).

zu 4. Angebot mit 20 % Nachlaß (Kopie Sichtermann).

gez. Vlach

Aufgabe II

Aktennotiz

Fehler in der Übertragung unseres Schriftverkehrs

Teilnehmer: Herr Gödel, Abteilungsleiter
                   Herr Brecht, Sachbearbeiter
                   Frau Niemöller, Sachbearbeiterin

Am 27. 09. 19 . . , 9.30 Uhr, fand im Zimmer von Herrn Gödel eine Mit-
arbeiterbefragung in Sachen Präsentation des Schriftverkehrs beim Kunden statt.

Herr Brecht stellte heraus, daß Gestaltungsfehler seitens der Sachbearbeiter als Ursache nicht in Frage kommen. Vielmehr muß an technische Probleme gedacht werden.

Frau Niemöller bestätigte die formale Korrektheit des Schriftverkehrs und verwies auf den Zusammenhang zwischen Rechenzeiten des Großrechners und Übertragungsfehlern.

Die Anwesenden beschlossen eine technische Überprüfung von Großrechner und Geräten zur raschen Behebung des Fehlers.

Für die Richtigkeit

(Unterschrift)

Verteiler
Frau Säger, Hauptabteilungsleiterin
Herrn Schwarz, Rechenabteilung
Herrn Düsel, technischer Leiter

Anlagen
Kopien der bei uns gespeicherten Texte

Erledigungsvermerk:

Anhang

Ausdrücke der Grammatik (Lateinisch/Deutsch)

Lateinische Bezeichnung	Deutsche Bezeichnung – Erläuterung	Beispiele aus dem Deutschen
I. Wortarten		
Verb	Tätigkeits- oder Zeitwort	
Vollverb	Zeitwort kann allein die Satzaussage bilden	*laufen, arbeiten, heben* er *läuft*, sie *arbeitet*, wir *heben*
Hilfsverb	Hilfszeitwort – bildet mit anderen Verben die Zeitformen	*haben, sein, werden* *hat* gesungen, *ist* gekommen, *wird* singen, *wird* tanzen
Modalverb	Modalverben – müssen sich mit einem anderen Verb verbinden, bestimmen die Art, wie sich ein anderes Geschehen oder Sein vollzieht	*dürfen, können, mögen, müssen, sollen, wollen* *wollen* einen Kuchen backen, *müssen* zur Schule gehen
Substantiv, Nomen	Hauptwort, Dingwort	*Stuhl, Wald, Gedanke, Monat*
Genus	grammatisches Geschlecht	
maskulinum	männlich	*der Mann*
femininum	weiblich	*die Frau*
neutrum	sächlich	*das Kind*
Numerus	Zahl	
Singular	Einzahl	*Stuhl, Mann*
Plural	Mehrzahl	*Stühle, Männer*
Artikel	Geschlechtswort	
bestimmter Artikel	bestimmtes Geschlechtswort	*der* Mann, *die* Frau, *das* Kind, *die* Stühle
unbestimmter Artikel	unbestimmtes Geschlechtswort	*ein* Mann, *eine* Frau, *ein* Kind
Adjektiv	Eigenschaftswort, Wiewort	
Positiv	Grundstufe	eine *hübsche* Frau, das Mädchen ist *schön* er malt *phantastisch*

| Komparativ | 1. Vergleichsform | *größer, kleiner, stärker* |
| Superlativ | 2. Vergleichsform | *am größten, am kleinsten, am besten* |

Pronomen	Fürwort	
Personalpronomen	persönliches Fürwort	*sie* denkt an i*hn*
Reflexivpronomen	rückbezügliches Fürwort	*sich*, ich kämme *mich*
Interrogativpronomen	Fragefürwort	*Wer* ist das? *Wie* heißen Sie? *Welches* Kleid gefällt Dir?
Indefinitpronomen	unbestimmtes Fürwort	*irgendwer* wird kommen, *man* sollte mehr trinken
Relativpronomen	bezügliches Fürwort	Sie liest das Buch, *das*... Der Mann, *dessen* Tasche... Sieger, *welche* den Sieg... Der moderne Mensch speichert alles, *was* sinnlos...
Demonstrativpronomen	hinweisendes Fürwort	*dieses* Heft, *jener* Stuhl
Possessivpronomen	besitzanzeigendes Fürwort	*mein* Heft, *seine* Brüder

| Adverb | Umstandswort | Sie lernt *gut*. Das ist ein *sehr* schönes Bild. |

Numerale	Zahlwort	
Kardinalzahl	Grundzahl	*eins, zwei, drei*
Ordinalzahl	Ordnungszahl	der *erste* Flug zum Mond, jeder *zehnte* Bundesbürger

| Präposition | Verhältniswort | Die Frau steht *vor/hinter/neben* dem Tisch. Autos stehen *auf* der Straße. |

| Konjunktion | Bindewort | Sie trinken Wein, *weil* er Geburtstag hat. Es ist spät, *und* sie gehen nach Hause. |

| Interjektion | Ausrufewort | *Hu! Oh! Au!* |

II. Satzglieder

Subjekt	Satzgegenstand	*Die Mutter / Hans / Er* trinkt.
Prädikat	Satzaussage	Sie *singen.* Er *liest* das Buch. Wir *sind müde.* Kinder *spielen Fangen.* Die Rose *ist gelb.*
Objekt direktes Objekt indirektes Objekt	Satzergänzung direkte Ergänzung indirekte Ergänzung	Sie schreibt *ein Buch.* Er denkt an *sie.* Sie sprechen von *den Kollegen.*
Adverbiale	Umstandsbestimmung des Ortes	Er wohnt *dort / in der Stadt* (Frage: Wo?)
	der Zeit	Er ißt *oft / morgens / jeden Tag* (Frage: Wann?)
	der Art und Weise usw.	Sie lernt *gut / schnell* (Frage: Wie?)
Attribut	Beifügung	die Anschaffung *eines Computers,* die Frau *von gestern abend, Großmuttis* Lachen, ein *guter* Spieler

III. Formen des Verbs

Infinitiv	Grundform, Nennform	*tanzen, kochen, schreiben*
Partizipien Partizip Präsens	Mittelwörter 1. Mittelwort (der Gegenwart)	*tanzend, kochend, lachend*
Partizip Perfekt	2. Mittelwort (der Vergangenheit)	getanzt, gekocht, gelacht, verkauft
Modi	Aussageweisen	
Indikativ	Wirklichkeitsform	Er *schreibt* den Brief. Sie *arbeitet* morgens.
Konjunktiv I	Möglichkeitsform	Sie *käme* gern. Er *habe* keine Zeit.
Konjunktiv II	Möglichkeitsform	Sie *käme* gern. Er *hätte* keine Zeit.
Konditional	Bedingungsform	Sie *würde* kochen. Sie *würden* kommen.
Imperativ	Befehlsform	*Lies! Rede! Schreiben Sie!*

Tempusformen	Zeitstufen	
Präsens	Gegenwart	Er *lernt* Englisch. Wir *gehen* ins Schwimmbad.
Präteritum, Imperfekt	1. Vergangenheit	Er *lernte* Englisch. Wir *gingen* ins Schwimmbad.
Perfekt	2. Vergangenheit	Er *hat* Englisch *gelernt.* Wir *sind* ins Schwimmbad *gegangen.*
Plusquamperfekt	3. Vergangenheit	Er *hatte* Englisch *gelernt.* Wir *waren* ins Schwimmbad *gegangen.*
Futur I	1. Zukunft	Er *wird* Englisch *lernen.* Wir *werden* ins Schwimmbad *gehen.*
Futur II	2. Zukunft	Er *wird* Englisch *gelernt haben.* Wir *werden* ins Schwimmbad *gegangen sein.*

Genus	Sichtweise	
Aktiv	Tatform	*Sie kauft* ein Buch. Er *erntet* Tomaten.
Passiv	Leideform	Das Buch *wird gekauft.* Die Tomaten *werden geerntet.*

Register